琵琶湖の船が結ぶ絆《きずな》

―丸木船・丸子船から「うみのこ」まで―

滋賀県立安土城考古博物館
長浜市長浜城歴史博物館 編

プロローグ

古代より琵琶湖は、巨大な水路であった。
南北の幹線は、北国の荷や人を都へ運んだ。
塩津・大浦・海津・今津の湊《みなと》からの物資は、
中世には坂本の湊などに至った。
近世になると、坂本に代わり
豊臣秀吉に保護された大津が台頭する。

東西の幹線は、東国の荷や人を都へ運んだ。
中世には、朝妻《あさづま》や志那《しな》の湊などが起点となり、
坂本・大津へと着岸した。
近世になると、長浜・米原・松原の彦根三湊が、
積出場所として力を得てくる。

その他、古代から近代に至るまで
大小百余りあった琵琶湖の諸湊の間では、
頻繁に船が行き来した。
近江の地域間交通にも舟運は使われたのだ。

現在、滋賀県の物資の流通を見ると、
まま、水面は流通の障碍《しょうがい》となる。
琵琶湖大橋がなければ、如何に湖西と湖東は
隔たっていることか。
しかし、つい最近まで、水面は流通を促進した。

それは、近代まで変わりがない。

この湖上を行く船も実にユニークである。
古代の丸木船から、琵琶湖独自の形態で発達した丸子船。
この船は、江戸時代の琵琶湖舟運の主役となる。
盛期には、千三百艘も湖上に浮かんでいたという。
その他、艜《ひらた》と呼ばれる小船も活躍した。

これに、信長が造った大船。
明治に入って、近代化の波の中、
多く建造された蒸気船・鉄道連絡船。
さらに、現代の観光船、
学習船「うみのこ」まで加えれば、
その多彩さには驚かされる。

今回の企画展は、「淡海《おうみ》」と呼ばれた琵琶湖の
水路（絆）と多彩な船の歴史を紐《ひも》解くことを目的としている。
少しでも琵琶湖が果たしてきた役割が理解できればと思う。
あわせて、果たすべき役割の指針となれば幸いである。

平成二十四年七月十四日

滋賀県立安土城考古博物館
館長　鈴木　五一

長浜市長浜城歴史博物館
館長　片山　勝

写真
琵琶湖図屏風　鉄道博物館蔵
滋賀県における鉄道敷設と、鉄道連絡船の就航に大きな影響を与えた井上勝の所持品。彼が鉄道庁長官を退任する明治26年（1893）に、部下から贈られたもので、井上がアプト式（急勾配用鉄道）の導入を決めた碓氷峠の図と対で一双となる。唐崎の松を中心に、左に堅田、右に瀬田の唐橋を描き、近江八景を意識して描かれたものであろう。井上の鉄道推進にとって、水陸交通の結節点である琵琶湖の存在が、いかに大きかったかを示していよう。

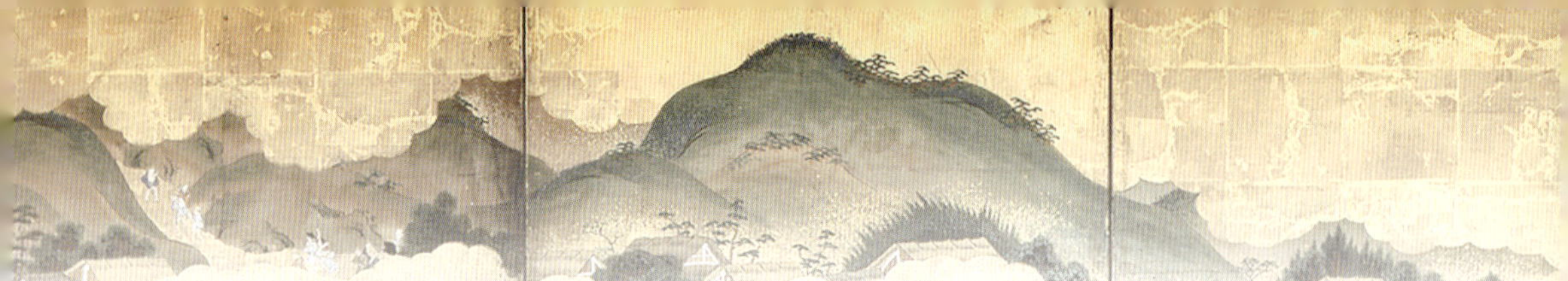

目次

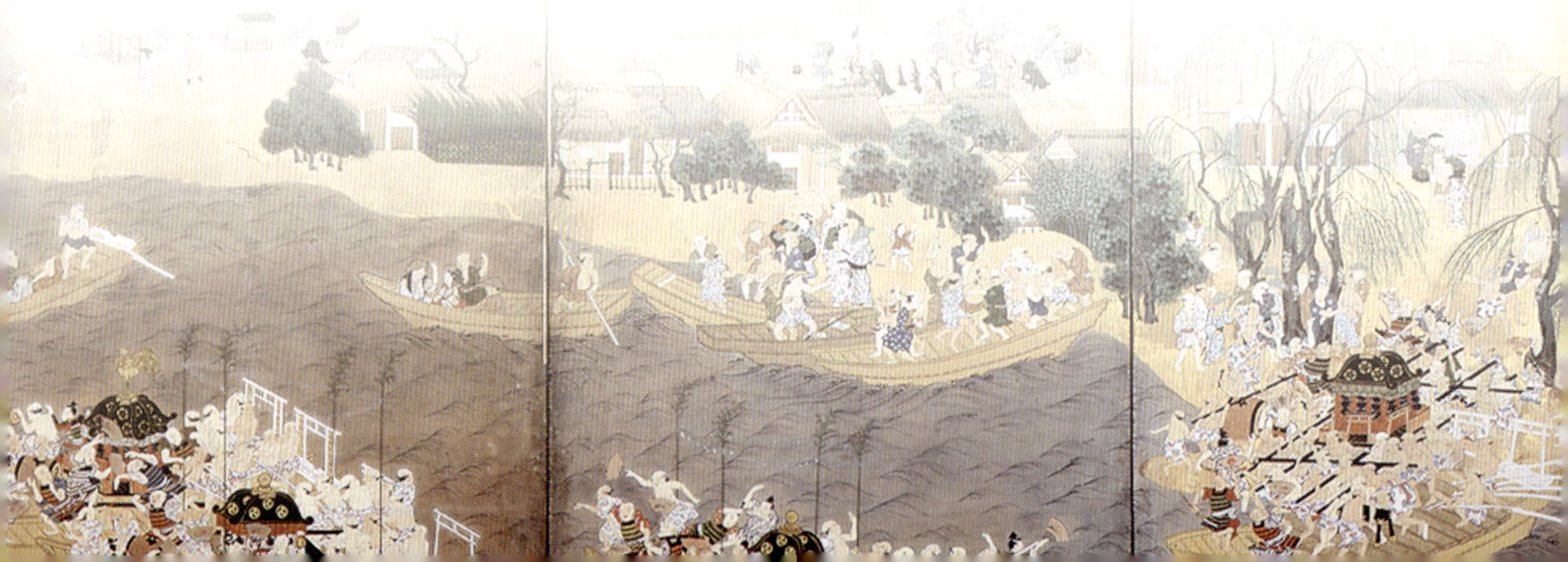

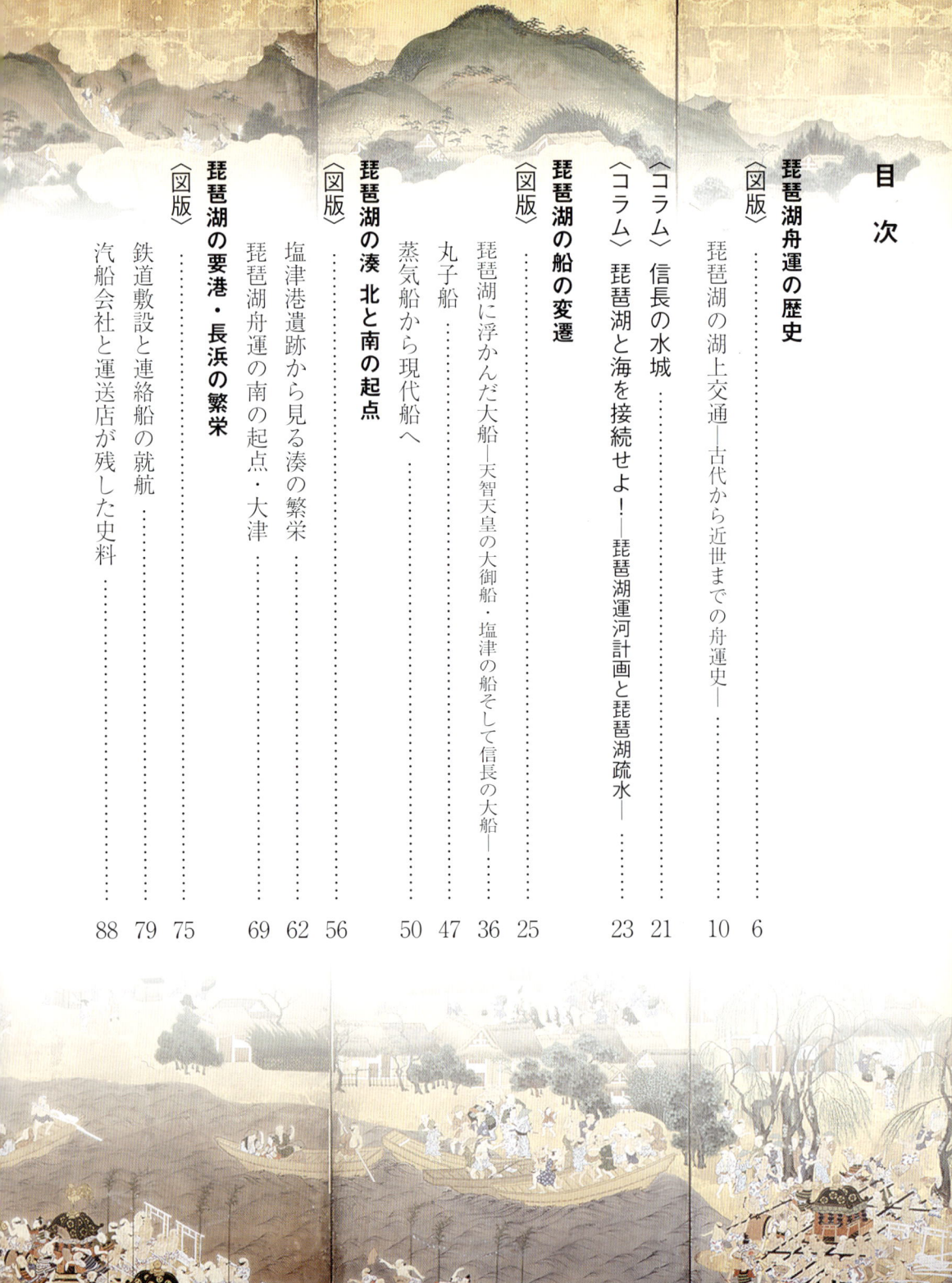

凡例

＊本書は、滋賀県立安土城考古博物館の企画展『湖の船が結ぶ絆～天智天皇、信長の大船　そして　うみのこ～』（会期：平成二十四年七月十四日～九月二日）と、長浜市長浜城歴史博物館の企画展『湖の船が結ぶ絆～鉄道連絡船と汽船の時代～』（会期：平成二十四年七月二十一日～九月二日）にともない作成された図録である。

＊本書の構成は、両館の企画展の構成とは必ずしも一致しない。企画展の構成は、巻末の展示資料一覧を参照のこと。

＊図版の作品名の前に付した数字は、巻末の展示資料一覧の資料名と一致する。数字が付されていない資料は、参考図版として掲載したものである。

＊前記企画展に関して、貴重な資料の出陳をご承諾頂いた所蔵者の皆様、さらには本書の作成にあって協力頂いた方々に対し、この場をかりて深く御礼申し上げます。

B2 月出集落図　中川雲屛画『湖中勝景』より　長浜市長浜城歴史博物館蔵

近江国曽根村（長浜市曽根町）出身の画家・中川雲屛のスケッチ帳である『湖中勝景』から、浅井郡月出村（長浜市西浅井町月出）の湖中からの遠望を描いた図である。『湖中勝景』には、琵琶湖周辺の情景を、船に乗りながら描いたスケッチが１冊にまとめられている。前後の絵から、天保２年（1831）の作と判明する。月出湊には、帆を揚げた２艘の船が停泊する。

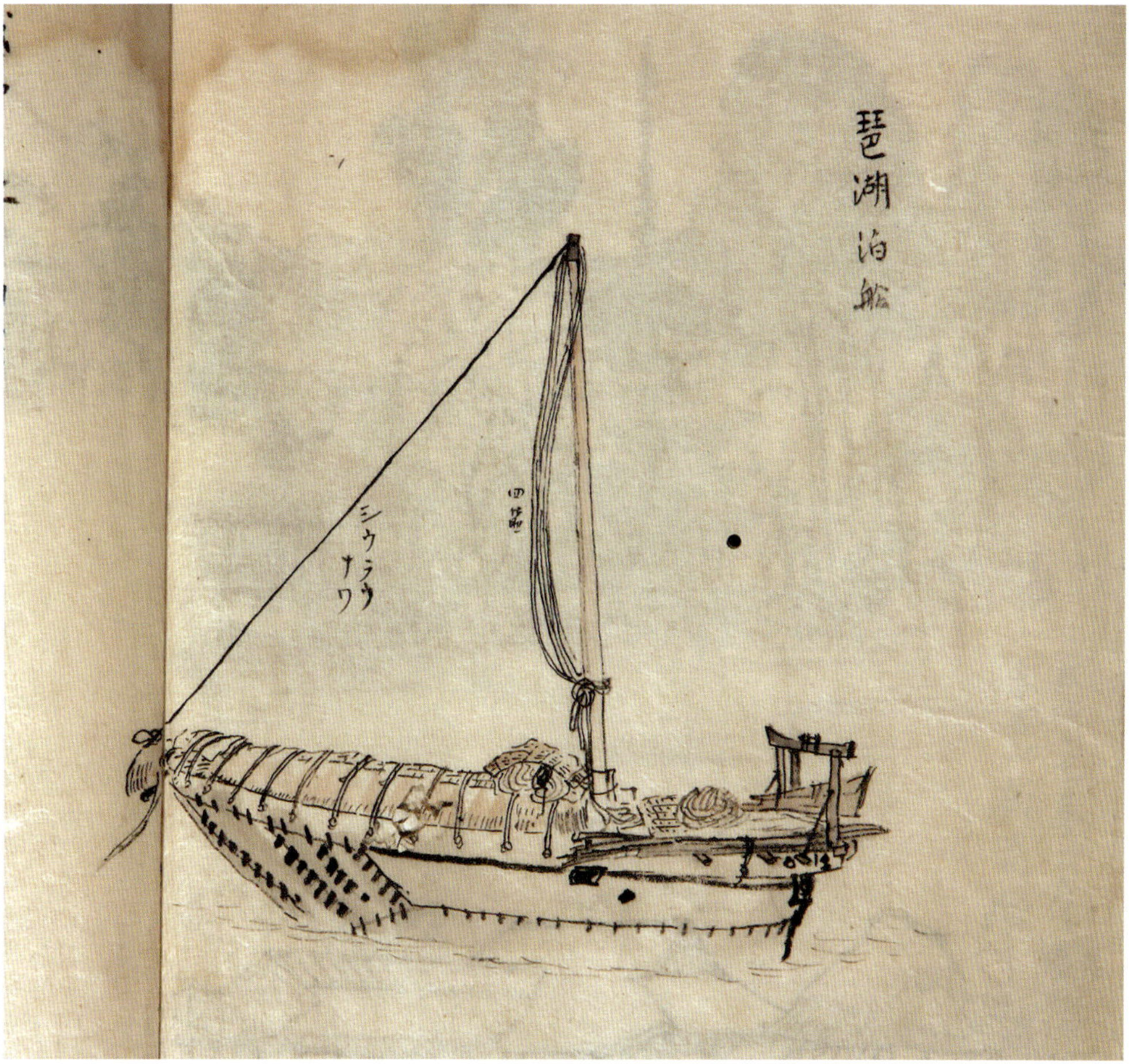

B1 琵湖泊船図　中川雲屛画『山水真写』より　長浜市長浜城歴史博物館蔵

中川雲屛が描いたスケッチ帳『山水真写』に描かれた丸子船の図。小型の丸子船だが、舳先には斜めに板を接ぎ合わせたヘイタ（舳板）、それを飾るダテカスガイ（伊達鎹）も描かれ、丸子船の特徴がよく出ている。前後から弘化２年（1845）頃の作と判明する。

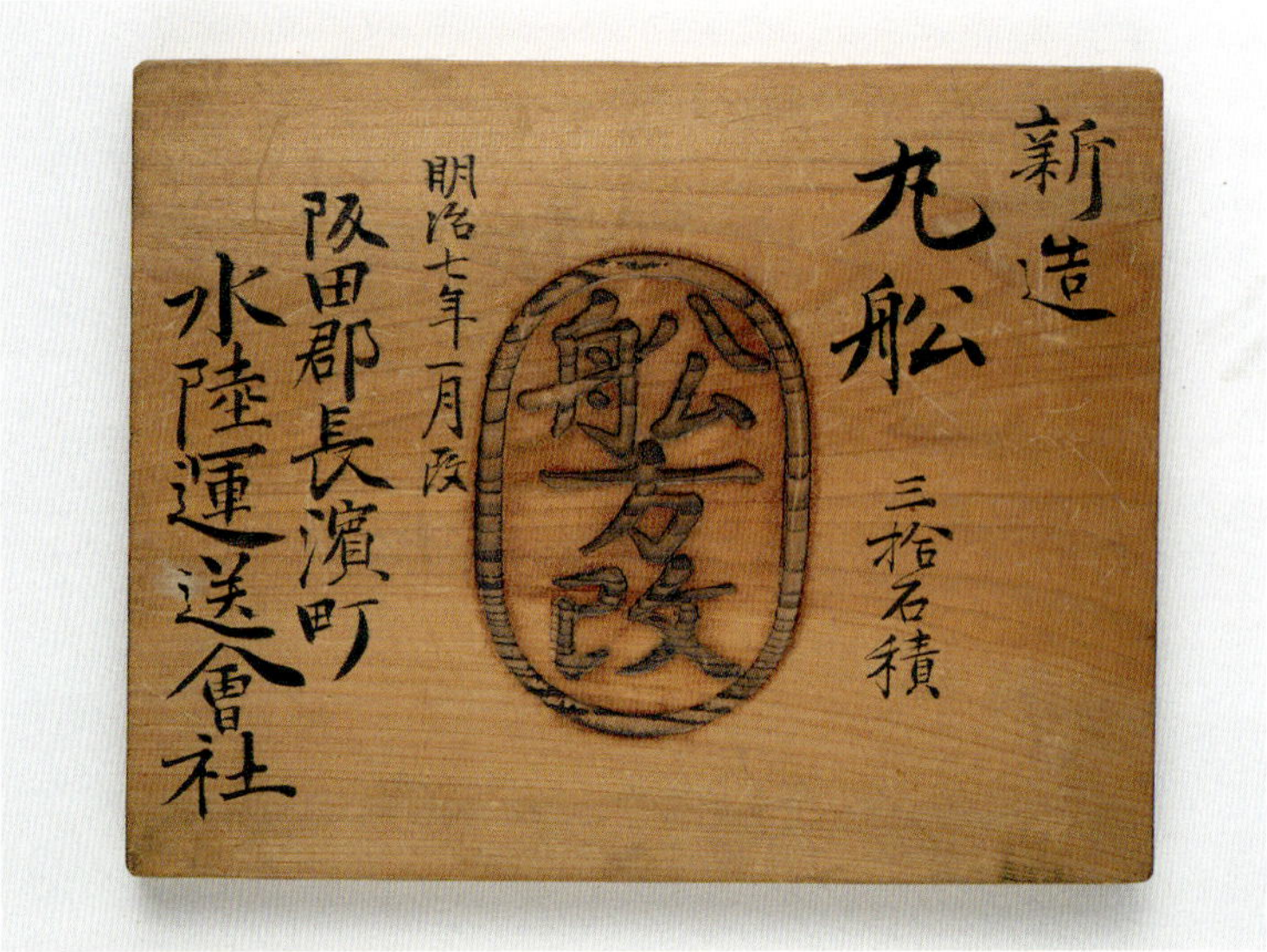

B5 船方改鑑札　物流博物館蔵

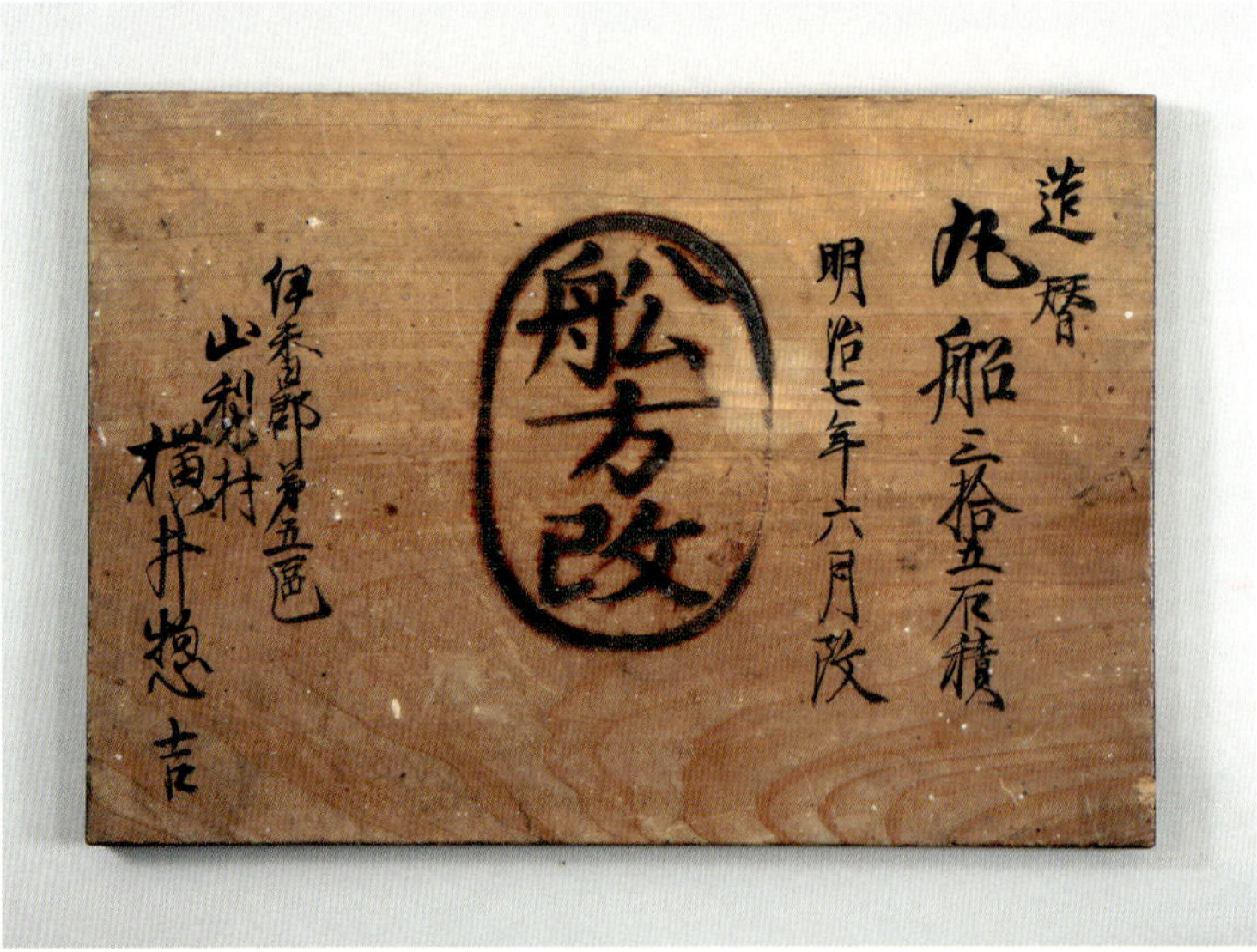

B6 船方改鑑札　長浜市長浜城歴史博物館蔵

明治７年（1874）に滋賀県が丸子船の再登録を行った際の鑑札と推定される。上は同年１月に、30石積の新造丸子船を登録したもので、持主は長浜町の水陸運送会社であった。下は同年６月の登録で、造替を行った35石積の丸子船で、持主は山梨子村（長浜市木之本町山梨子）の横井惣吉であった。丸子船は、江戸時代以来、丸船と呼ばれることもあった。

B16 近江国琵琶湖竹生嶋図　長浜市長浜城歴史博物館蔵

竹生島は弁才天・観音信仰の島として知られ、江戸時代は西国三十三観音霊場の札所として、近代に入ってからも琵琶湖観光の中核をなしてきた。本図は明治時代の風景と推定され、蒸気船と帆船が島周辺を走行する情景は、船舶の新旧交代劇を見ているようである。

琵琶湖の湖上交通
―古代から近世までの舟運史―

太田浩司

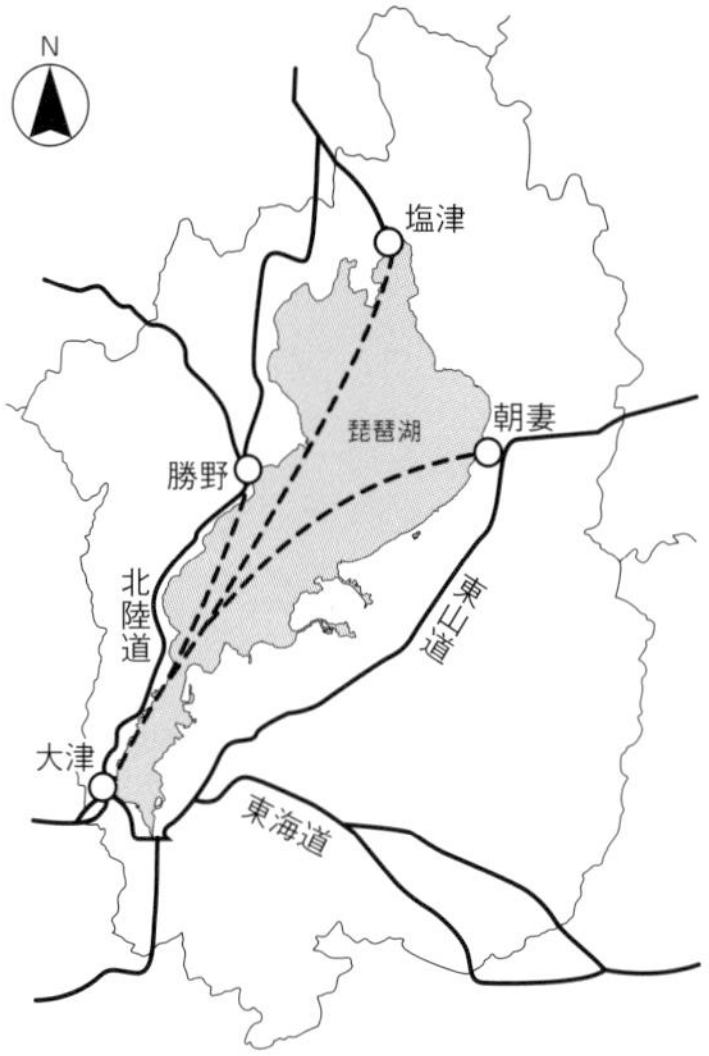

古代の主な航路と湊　財団法人滋賀県文化財保護協会編『琵琶湖をめぐる交通と経済力』より転載

琵琶湖の役割

琵琶湖は古くは近淡海《ちかつおうみ》、淡海、鳰《にお》の海《うみ》などと記され、室町時代の後期に至って、楽器の琵琶の形状に似ていることから、この名称で呼ばれるようになったと考えられている。面積六七〇・二五平方キロ、その南北の距離は六三・二キロ、湖岸総延長二四一キロ、最大幅は長浜市旧市街地と高島市新旭町の間で二二・八キロ、実に滋賀県の県土の六分一を占める巨大な湖である。この細長い湖を、木村至宏氏は「南北に走る巨大な水路」と表現するが、古代以来の琵琶湖の湖上交通は、この「水路」としての面を利用したものであった。

近江は古代以来、東山道（東海道・中山道）・北陸道が通り、日本の陸上交通の要《かなめ》でもあったが、湖上の「水路」はこの陸上交通と組み合わされ、多くの歴史を日本史上に刻むことになったのである。

丸木船の出土

近江八幡市の元水茎《もとすいけい》内湖干拓遺跡は、縄文時代後期に使われた計七隻の丸木船を出土したことで知られる。丸木船は、一本の木をくりぬいて造った単材刳船《くりぶね》で、千葉県を中心とした関東南部で多数出土しており、縄文時代の船としては一般的なものである。元水茎出土の丸木船は、全長五〜八メートルをはかり、七隻中三隻は現形をよくとどめたものであった。その他、同じく近江八幡市の長命寺湖底遺跡からは全長六・二メートルの丸木船一隻、彦根市の松原内湖遺跡から十隻、長浜市湖北町の尾上《おのえ》浜《はま》遺跡から一隻、それに長浜市の高田遺跡・鴨田遺跡でも丸木船やその破片がみつかっている。

大津市の滋賀里遺跡や元水茎内湖干拓遺跡からは、丸木船をこぐ木製の櫂《かい》がみつかっており、縄文人たちが湖上を往来する

朝妻船　『木曽路名所図絵』より
朝妻（米原市朝妻筑摩）は、古代より琵琶湖の湊として知られ、東国からの物資や旅人が、湖上の船に乗り継ぐ地として有名であった。その繁栄は、江戸初期の米原湊の発展によって終止符を打たれる。しかし、江戸時代においても、「朝妻船」は回顧的に多くの画人に取り上げられた。

様子を思い浮かべることができる。彼らは物資の運搬にこの丸木船を利用したことはもちろんであるが、漁具《ぎょぐ》と共に出土している例があることから、漁撈《ぎょろう》用として使われたことも間違いなかろう。

古代の舟運

「近江の海《み》　八十《やそ》の湊《みなと》」と歌われたように、奈良時代の『万葉集』の時代には、琵琶湖岸には多くの湊ができ、湖上交通は活気にみちあふれていたようである。『万葉集』には、湖岸の湊の名が多く登場する。「高島の　阿渡《あど》の湊を　漕ぎ過ぎて　塩津菅浦今から漕ぐらむ」。「阿渡の湊」は、安《あ》曇《ど》川の河口附近を指すから、この歌は、北へ向かう船中で詠まれたことになる。その他、磯の崎（米原市磯）、沖つ島（近江八幡市沖島町）、勝野《かちの》（高島市勝野）、筑摩《つくま》（米原市朝妻筑摩《あさづまちくま》）、水尾《みお》崎（高島市鵜川明神崎）が地名としてみえる。

この他、奈良時代には東大寺・藤原宮・石山寺の造営のため、近江甲賀・高島・田上の材木が利用され、これが野洲川や安曇川を下って湖上を南に運ばれ、瀬田川・宇治川を通って目的地まで回漕されたことも指摘されている。

平安時代に作成された法典『延喜式《えんぎしき》』によると、若狭国の貨物は近江の勝野津から大津へ湖上輸送され、また若狭国を除く北陸諸国の貨物は、越前敦賀から陸路近江塩津へ至り、湖上を大津まで運ばれた。琵琶湖の湊は、京への物貨の流入の中継点であり、湖上交通はすでに京都の経済を支える動脈となっていたのである。

平成十八年・十九年に調査された塩津港遺跡（長浜市西浅井町塩津浜）からは、塩津浜の集落の西を流れる大川河口部の中州上に、平安時代の神社跡が発掘された。さらに、平安後期に当たる十二世紀の起請《きしょう》木札からは、年貢米や魚・具足などが塩津湊に回漕されていたことが知られ、『万葉集』や『延喜式』で確認される、塩津の流通基地としての側面が地元の資料によって裏付けられた。

同じ頃、湖北の天野川の河口部に位置する朝妻も湊としての活況を呈していたようだ。天暦四年（九五〇）十一月の「東大寺封《ふ》戸《こ》庄園 幷《ならびに》寺用帳」によれば、美濃国封戸百戸からの約四百石が、朝妻から湖上を大津まで運ばれていたことが知られている。教科書でも有名な永祚《えいそ》二年（九九〇）十一月の「尾張国郡司百 姓等解《ぐんじひゃくしょうらげ》」によれば、尾張国の郡司・百姓らは、国司が朝妻まで雑《ぞう》物《もつ》を運搬させせると訴えている。朝妻が東山

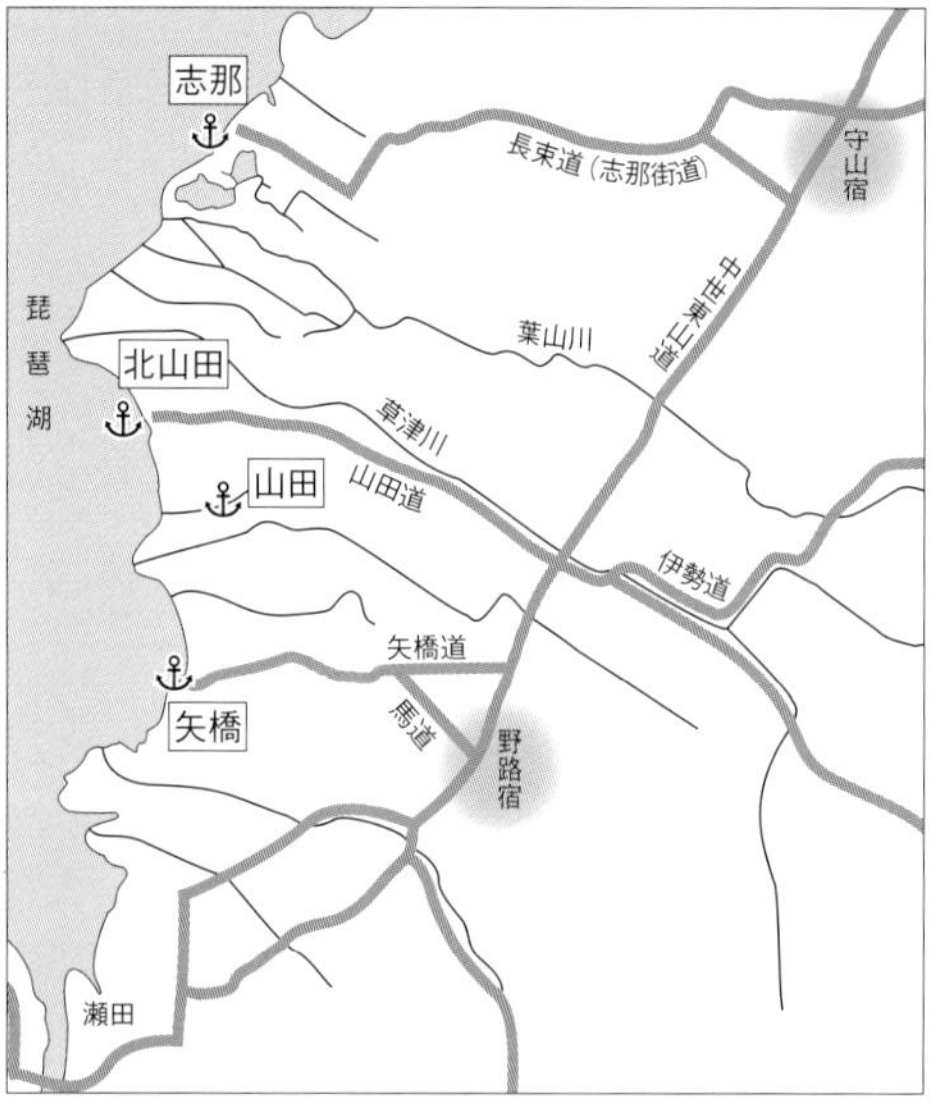

草津周辺の中世交通路　財団法人滋賀県文化財保護協会編『琵琶湖をめぐる交通と経済力』より転載

道筋（中部・関東地方）と琵琶湖の結節点として、すでに重要な役割を果たしていたことが知られる。

中世の基幹航路

中世の琵琶湖の湖上交通の幹線は、塩津・海津・今津といった湖北の湊から、大津・坂本へ至る航路であった。特に、北国庄園の年貢は、このルートで京都、奈良の庄園領主のもとに届けられた。先に触れたように、十世紀の『延喜式』に北陸各国からの物資は、この南北の航路を使って京まで運ばれたとあったが、中世においても基本的に変わることがなかった。ただ、大津を凌駕《りょうが》する形で、比叡山の外港坂本が、京都への通路として栄えるようになったことは注目してよい。

坂本は平安時代から三津浜《みつはま》と呼ばれ、湖に沿って三ヶ所の湊があり、北から順に今津・戸津《とづ》・志津《しづ》と並んでいた。坂本は山麓が比叡山の門前町として、湖岸はその湊町として発展した。この地へは諸国に点在する山門（比叡山）領からの年貢が集積され、山中越えをして京都へ運搬する物資も荷上げされた。また、坂本には、京都までの物資運搬を担う馬借《ばしゃく》・車借《しゃしゃく》が集住することになる。

この馬借・車借は室町時代に至ると大きな力を持ち、その蜂起が「土民蜂起」と結合、室町幕府や京都の寺社勢力を大いに悩ますことはよく知られる。また、中世には湖上に多くの関が設けられ関銭《せきせん》が徴収されたが、その多くは山門の堂舎造営にかかる経費をまかなうものであった。したがって、坂本周辺に湖上関は集中し、本関・導撫関・諸堂関・横川関・中堂関・合関・西塔関と呼ばれる坂本七ヶ関が存在した。

この南北の幹線に対して、東国・美濃から京都へ向かう東西の航路も存在した。「南禅寺文書」によれば文安四年（一四四七）、京都南禅寺仏殿造営用の材木が、飛騨・美濃などの山から伐り出され、陸路を琵琶湖まで運ばれ、湖上を大津まで運送された。この湖上を経由して東山道（江戸時代の中山道）に通じるルートは、中世の人々の紀行文や日記に多く登場する。

中世、京から東国方面へ行く最も普通の経路は、のちの東海道＝鈴鹿越ではなく、近江から美濃へ至り尾張で東海道へ合流する美濃路を利用したものであった。だから、京からの旅人は、大津・坂本から船出して、琵琶湖の東岸の湊である矢橋《やばせ》・山

菅浦の現状
長浜市西浅井町菅浦は、惣村文書「菅浦文書」一二〇〇点余りを所有することで著名である。その文書からは、中世の村の実態が知られ、住民が船を利用して、物資運搬や漁撈を行っていたことがわかる。琵琶湖の舟運が、日本国内の幹線流通のみでなく、琵琶湖の諸浦間（地域間）流通にも大きな役割を果たしていたことが読み取れる。

田・志那（草津市矢橋町・北山田町・山田町・志那町）、島（近江八幡市内）、八坂《はっさか》（彦根市八坂町）、朝妻・筑摩（米原市朝妻筑摩）に着岸、のちの中山道に近いコースをたどって美濃へ入っていった。

諸浦の繁栄

朝妻・筑摩の内、筑摩は筑摩御厨《みくりや》の故地として知られる。一方、朝妻は、美濃路と北陸道との分岐点である箕浦《みのうら》（米原市箕浦）に近く、京都からの旅人の着岸港として、よく利用された。当代一の学者と言われた室町時代の公卿《くぎょう》一条兼良《かねら》は、文明五年（一四七三）、坂本から朝妻に至り美濃へ入っている。また、京都仁和寺《にんなじ》の僧尊海は、天文二年（一五三三）、やはり坂本から朝妻へ至り、東国に向い、戦国時代の公卿山科言継《ときつぐ》は、尾張からの帰路、朝妻で船に乗り坂本へ直航している。信長の時代を記録した宣教師ルイス・フロイスも坂本から乗船し、一三レグワ（約七二キロ）の地「アサヅマ」に着岸したことを記している。

中世の舟運を考えた場合、堅田の存在が大きい。堅田は琵琶湖の最狭部に位置し、古代以来そこを通過する船から関銭を徴収していた。寛治四年（一〇九〇）には、加茂《かもの》御祖社《みおやしゃ》（下鴨神社）の御厨が設置され、同社への御膳所《ごぜんしょ》として、湖上での優越的漁業権を保証する湖上特権を獲得した。

また、その特権の一つとして、上乗権《うわのりけん》があった。湖上を通航する船に堅田衆が乗り込み、船の検問などを行う権利をいう。これにより、湖上の安全航行が保障されたが、もちろん見返りの金品を納める必要があった。湖岸の地域間における船の行き交いまで、堅田の特権が及んだかどうかは定かではないが、近世の舟運慣行にまで影響を及ぼした重要な事実といえる。

このように南北の北陸道、東西の東山道としての湖上交通をみてきたが、琵琶湖の舟運は他国の人や物の通過点としてのみ存在したわけではない。湖岸の人びとにとっては、生活の場、そのものであったはずである。

湖北菅浦（長浜市西浅井町菅浦）の史料によると、鎌倉時代末から南北朝時代にかけて、船木浦（高島市安曇川町船木）、平方浦（長浜市平方町）、片山浦（長浜市高月町片山）に出かけた同村の住人が事件に巻き込まれ、所持品や船を押し取られている。また、菅浦は中世を通して、日指《ひざし》・諸河《もろかわ》という田地をめぐり隣の大浦庄と武力衝突を繰り返していたが、その文安二年（一四四五）の合戦記によると、菅浦・大浦をはじめその

明治時代の松原内湖　彦根市立図書館提供
織田信長がよく利用した佐和山城の西麓は、松原内湖が迫っており、同城の湊としての機能があったと考えられている。写真は右側が佐和山に続く大洞弁才天の山で、東海道線を隔てて、帆船が停泊する松原内湖の湖水が見える。

れぞれに合力《ごうりき》した湖岸の村々は、相手側への攻撃に船を効果的に利用している。これらの事実は、湖岸の人々が日常的に舟運とかかわっていた一端を示すもので、当時の湖北には市場のあった平方を中心に、湖で結ばれた地域的市場圏が成立していたのではないかと推定されている。

　中世の末、戦国期に至ると、近江の北には浅井氏、南には六角氏と、戦国大名が登場する。これより以前、近江国内には湖上の舟運全体を支配する権力は、比叡山延暦寺の他なかったが、この二者は、より一層各浦の船の掌握に努めたようである。浅井氏については、菅浦・大浦・沖島、六角氏については堅田の船を、その支配下においたことが文書からわかる。

織田信長と舟運

　織田信長は永禄十一年（一五六八）以来、近江に侵攻し六角氏を追放し、さらに元亀元年（一五七〇）からは浅井氏攻めを始め、天正元年（一五七三）に同氏を滅亡に追い込む。天正四年（一五七六）には安土城を構築し、近江の全体の領国化を進めていった。この過程で、沖島・堅田・志那などに文書を発給、その掌握と保護に努めたとされてきた。また、元亀二年（一五七一）に浅井氏旧臣である磯野員昌《かずまさ》を、佐和山から高島新庄城に移す時も、堅田から百艘の船を徴発しているし、元亀三年（一五七二）の浅井攻めにあたっても、堅田の水軍を使い浅井氏に味方する海津・塩津・竹生島などを、船上から砲撃したことが『信長公記』に見える。

　この他、信長は天正元年（一五七三）五月に琵琶湖最大の大型船を建造したと『信長公記』にある。その船の長さは三十間（約五十四メートル）、幅七間（約十三メートル）にも達し、櫓《ろ》を百本使い移動し、舳艫《じくろ》（船の前後）には櫓《やぐら》を構築していた武装船であった。この船で信長は、同年七月に佐和山城下の松原から坂本まで航行して、京都に入っている。一方、中井均氏は信長が居城安土を中心に、秀吉の長浜城、明智光秀の坂本城、織田信澄《のぶずみ》の大溝城（高島市勝野）と、湖上交通上の要地に城を建築し、琵琶湖の制海権を掌握、この「みずうみの城郭網」を基に、日本の統治を行おうとしたとの説を出されている。

　この信長による琵琶湖舟運の積極的掌握については、これまで概ね肯定的に扱われてきた。しかし、最近杉江進氏は、信長の琵琶湖支配は、当時最大の水運力を持った堅田に依存して行われたのみで、何ら独自

A29 浅野長吉制札　長浜市長浜城歴史博物館蔵（中村林一コレクション）
大津城主の・浅野長吉（後の長政）が、天正15年（1587）2月16大津百艘船に与えた制札。大津を中心とした琵琶湖の舟運秩序の基をつくった規定で、代々の大津城主・代官によって、繰り返し同内容の制札が出された。長浜の郷土史家・中村林一氏の収集資料である。

の政策はないと、否定的な見解を示している。信長が出した文書も、偽文書であったり水運一般を保障したのみであるとする。「みずうみの城郭網」についても、各城下での船の組織化の事例は少なく、湖上の舟運を掌握した実態がないと指摘する。さらに、信長の大船も大きな成果を上げることなく、堅田の人々によって解体された。

　これらの事実から、琵琶湖舟運の再編は、次の秀吉による成果を高く評価すべきと、杉江氏は結論する。ただ、信長の琵琶湖舟運との関わりが、前代の戦国大名に比較して積極的であったことは否定できず、この杉江氏の理解は、信長の過大評価への警鐘として理解すべきであろう。

豊臣秀吉と舟運

　信長の家臣として、浅井攻めに功を上げた羽柴秀吉は、天正元年（一五七三）、長浜を中心とした湖北の地を与えられた。しばらくは浅井氏の居城小谷にいたが、天正二～三年（一五七四～七五）頃、長浜へ築城を開始、本拠を移すのである。長浜城が湖に面し、湊を城内に取り込んだ城だったことから容易に推定できるように、小谷から長浜への移動の目的は、湖上交通の掌握にあった。もっとも、先に指摘した湖上交通を積極的に利用しようとする信長の「みずうみの城郭網」実現のため、築城地が湖岸に設定されたという考え方も成立する。

　長浜城主時代の秀吉が、湖北の湖上交通を掌握し、活用していたことを示す史料が何点か残っている。天正九年（一五八一）、鳥取城攻めの際、秀吉は、長浜の船二艘を日本海で使用することを許し、船持二十人に対し、いつでも発向できるよう待機を命じている。また、信長の下で琵琶湖の船の統轄を行っていた猪飼甚介《いがいじんすけ》に、陸奥から来た五十人の客を、竹生島に参詣させるため、往復船の手配を依頼している。

　さて、ここで秀吉と琵琶湖全体の関係をみてみよう。秀吉は天正十一年（一五八三）の賤ヶ岳合戦後、大坂築城を開始、翌年にはそこへ移り住んだ。従って、物資は京都にかわって大坂へ流れるようになる。琵琶湖でも京都に近い坂本よりも、大坂へ出るのに便利な大津が重要視され始める。秀吉は、それまで充分とはいえなかった大津の湖上交通の基地としての機能を補強するため、坂本・堅田・木浜《このはま》（守山市木浜町）の船持を大津へ集め、絶大な特権を与えた。「大津百艘船《ひゃくそうせん》」の創始である。

　この特権とは、大津から出る荷物・旅人を他浦からの入船に乗せないことと、大津の船が他浦において公用船にとられないという特権であり、天正十五年（一五八七）二月十六日の大津城主・浅野長政の制札によって初めて規定された。この掟が、江戸時代を通して琵琶湖の舟運秩序として保持された。そして、この特権のもと、秀吉政権の軍用船として、また各地の秀吉直轄領からの年貢の運搬に、大津百艘船は活躍する。特に、文禄三年（一五九四）の伏見城建設にあたっては、大量の材木が大津へ荷上げされた。この大津百艘船は大津城主の管轄下にあったとされ、江戸時代には大津代官の大久保長安や、小野宗左衛門の管轄へと引き継がれていく。

観音寺詮舜像　草津市観音寺蔵
秀吉の下で琵琶湖舟運の統括を行った観音寺の僧・詮舜の肖像画である。詮舜は慶長３年（1598）に死去するが、江戸幕府も観音寺の歴代を船奉行に任命している。

艫折廻船と船奉行

秀吉が作り上げた湖上交通に対する秩序としては、艫折廻船《ともおりかいせん》の創設と船奉行の設置という二つをさらに加える必要がある。艫折とは天正十九年（一五九一）五月の「江州諸浦」宛の秀吉の定書で「旅人・商売荷物先次第に、相積むべきの事」と記され、慶長三年（一五九八）の条々では「ともおり法《はっ》度《と》」と記された内容である。つまり、先に艫《とも》（船の後部）を浜に着けた方から船積みを行なうという規定であった。これまでの通説では、秀吉は艫折に従って他浦まで行き、廻船を行なえる浦を、大津・堅田、それに豊臣秀次の城下町であった八幡に限った。また、これにより百艘船の創始で力を得た大津と、中世から廻船について特権をもつ堅田を、それぞれの権利を生かしながら、たくみに調整することに成功したと言われてきた。

しかし、最近の杉江進氏や東幸代氏の研究により、この艫折廻船とは湊に先に着いた船から荷物を積み出す権利を有する、船積みの順番をめぐる作法であることが解明された。つまり、それ自体が大津・堅田の権利を保証するものではないことが明らかとなったのである。艫折の順番を明確にするために、着岸の順番を記録する帳屋と呼ばれる役職が各湊に存在し、その帳屋が付ける艫折帳も、湊によっては現存する。したがって、この艫折の制度は、逆に中世以来の堅田の湖上特権を否定し、どの湊に所属する船であっても、琵琶湖に流入する物資を運搬できるという、公正でかつ自由な流通システムであったことになる。琵琶湖上に多くの丸子船が行き来する近世の舟運の活況は、特定の湊に特権を与えない、秀吉が創始したこのシステムに支えられていたのである。

一方、秀吉は船奉行に芦浦観音寺の僧詮《せん》舜《しゅん》を任命する。その任命は船奉行の名前が史料上で確認できる天正十九年（一五九一）より前と判断されるが、それ以前にも、湖北早崎（長浜市早崎町）出身の早崎家久が、琵琶湖の船舶をも管轄する「琵琶湖奉行」をつとめていた。詮舜は、大津に屋敷を設け、船奉行として琵琶湖の船の管理に当

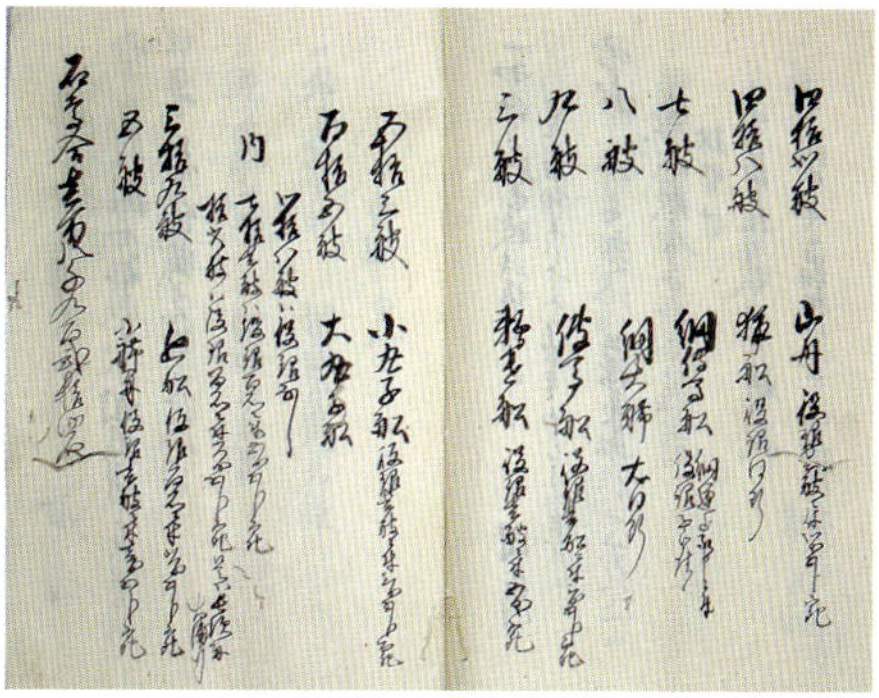

B3 江州領内湖水船数改帳留

片山源五郎家文書

彦根藩領であった伊香郡片山村（長浜市高月町片山）に残った、同藩領の湊と船舶数の一覧。元禄３年（1690）12 月付。彦根三湊（長浜・米原・松原）で、合計 115 艘の丸子船があったことが知られる。片山源五郎家文書は、幕府の船奉行支配下にない彦根藩領下の船舶状況を知り得る、希有の史料群である。

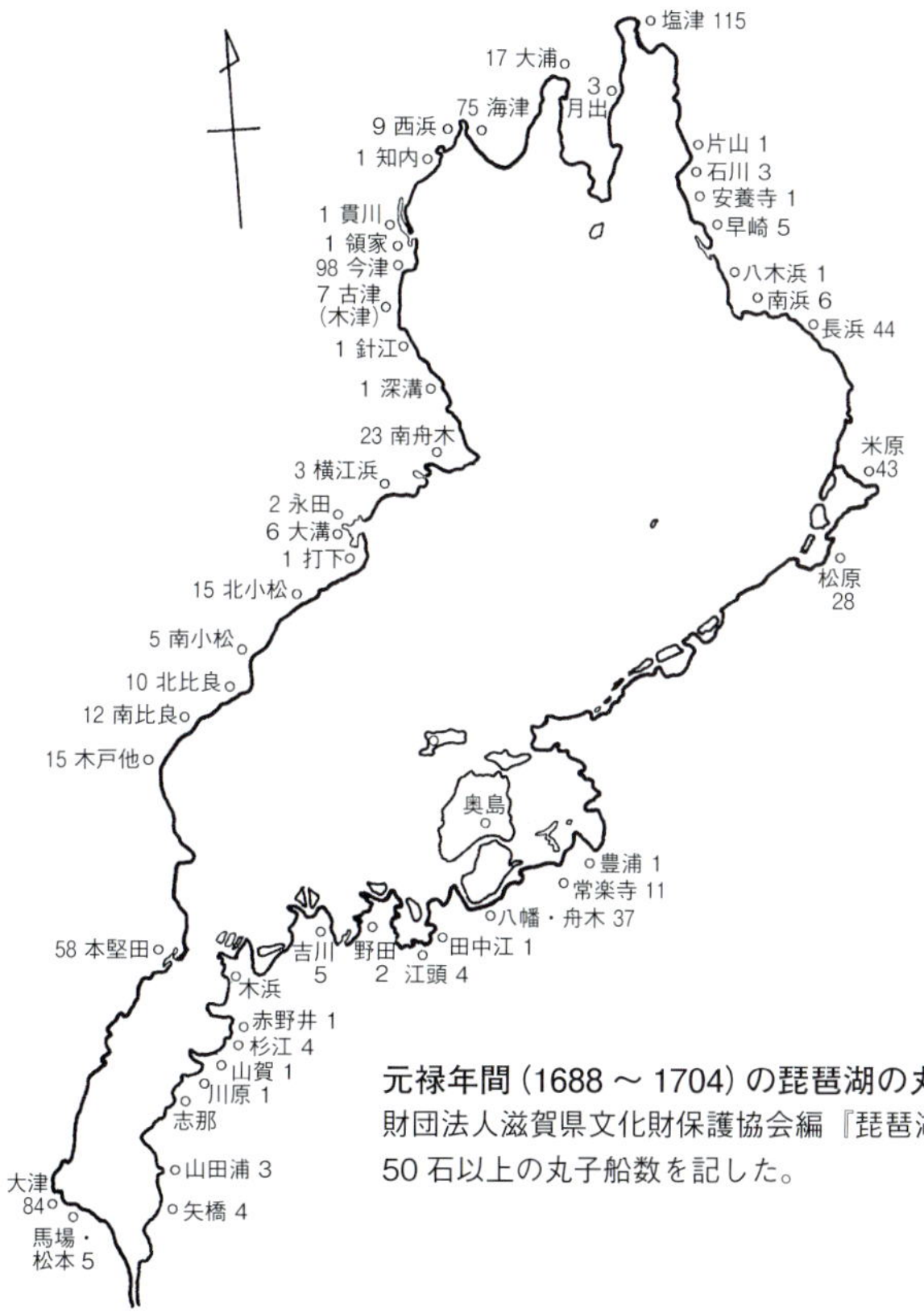

元禄年間（1688 ～ 1704）の琵琶湖の丸子船数

財団法人滋賀県文化財保護協会編『琵琶湖をめぐる交通と経済力』より転載

50 石以上の丸子船数を記した。

たった。湖の船すべてに判（焼印）を押し、登録し、湖上を運ばれる物資にかけられた運送税の徴収も行なった。さらに、琵琶湖の加子《かこ》（水夫）に対する夫役徴発の命令も、この船奉行に下った。秀吉は死の直前の慶長三年（一五九八）六月十八日に、船奉行観音寺詮舜に「江州湖上往還之船定条々」を与えて、運賃や船の役儀、艫折の規則などを定めている。

このように秀吉は、中世や信長の時代では考えられないほど強力に、琵琶湖の舟運を掌握し、近世へつながる琵琶湖の湖上交通の秩序を作り上げたのである。

近世の湊と舟数

江戸時代の琵琶湖の大港を分類すると、三つに分けることができる。「諸浦の親郷」と称され、中世の堅田の権限を引き継ぎ、廻船に違反した船を抑留する権限を有した大津・堅田・八幡の三湊。遠くは東北地方からの北国荷を扱う塩津・大浦・海津・今津の湖北四ヶ浦。他浦とは異なり、大津の船奉行の支配下になく、彦根藩の船奉行の保護下にあった、松原・長浜・米原の彦根三湊《みなと》である。この三湊の後背には、東国や東海地方から荷物があり、その運送をめぐって三湊内でも対立があった。その他、

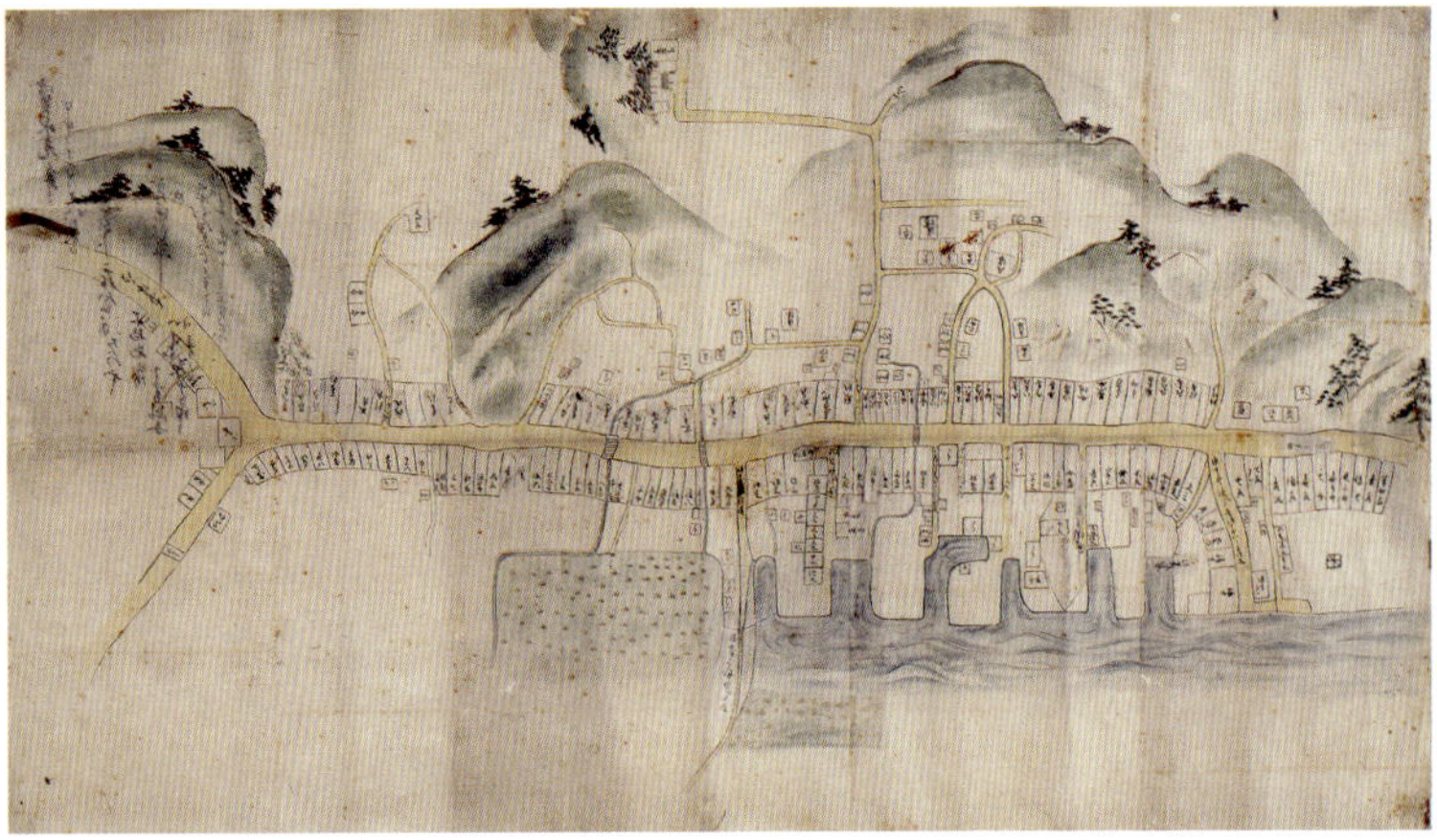

米原町絵図　滋賀大学経済学部附属史料館蔵
彦根三湊の一つ・米原の江戸時代中期の絵図である。入江内湖の湖岸沿いに六つの入江を設け、その周囲に蔵を配置する構造となっている。町の中央を貫く道は、中山道から長浜・木之本へ通じる北国街道である。

中小の湊が百余り存在したが、彦根藩領の小規模浦である片山・飯之浦《はんのうら》・山梨子《やまなし》・尾《お》上《え》を、同藩では「北四ヶ浦」と呼び連合体として扱っていた。

こういった琵琶湖の浦々に存在した船の数については、史料の制約もあり、確かなことは分からないが、木村至宏氏によれば、江戸中期のデータで、艜《ひらた》と呼ばれる小船も含めて五七四〇艘ぐらいではなかったかと推定されている。その内、物資の運搬にたずさわった丸子船は、一三三〇艘ぐらいと考えられている。もちろん、これは盛期の話であって、下関・瀬戸内海経由で大坂へ物資を直送する西廻り航路の整備により、琵琶湖水運の重要性が低下し始めると、その船数は激減していく。湊別では、湖北四ヶ浦と大津が圧倒的に多く、それに彦根三湊が続いた。

元禄六年（一六九三）の記録で、湖北四ヶ浦の船数は、塩津一一〇艘・大浦一五艘・海津八一艘・今津一〇八艘、大津と堅田は八三艘、八幡は三七艘であった。元禄三年（一六九〇）の彦根藩側の記録（17頁参照）では、彦根三湊で最大数の丸子船を持つ長浜でさえ、四四艘しか丸子船を所有していなかった。ちなみに、松原が二八艘、米原が四三艘であった。この船数も、彦根藩によって幕初から江戸前期を通じて、役銀の軽減策等により船数を増加させた結果であったことが、東幸代氏によって明らかにされている。近世に至っても、琵琶湖舟運の幹線は、塩津・大津などを結ぶの南北航路であった。

彦根藩領の「北四ヶ浦」の一つ・山梨子村に残った『年々萬日記《ねんねんよろずにっき》』は、同村の横井孫右衛門が、元文三年（一七三八）から安永四年（一七七五）まで記した日記である。自らも所有した琵琶湖の船に関する記述が多く、そこからは公的な古文書には描かれない多様で日常的な舟運の様相が垣間見られる。特に、海（湖）難事故に関する記述が豊富であることは特筆できよう。

江戸時代の外洋における船舶事故は、幕府や大名荷物を運ぶ場合、荷物の損害は荷主が負担し、船の損害は船主が負担する「単独海損」を基本としていた。しかし、民間の荷物を運ぶ場合は、荷物の損害を荷主と船主で負担し合う「共同海損」が一般化して行く。『年々萬日記』には四件ほどの海（湖）難事故の記述があるが、いずれも荷物は荷主の損害とする「単独海損」として処理されている。外洋では一般化していった「共同海損」の慣行が生まれなかった背景には、海上に比べれば琵琶湖では事

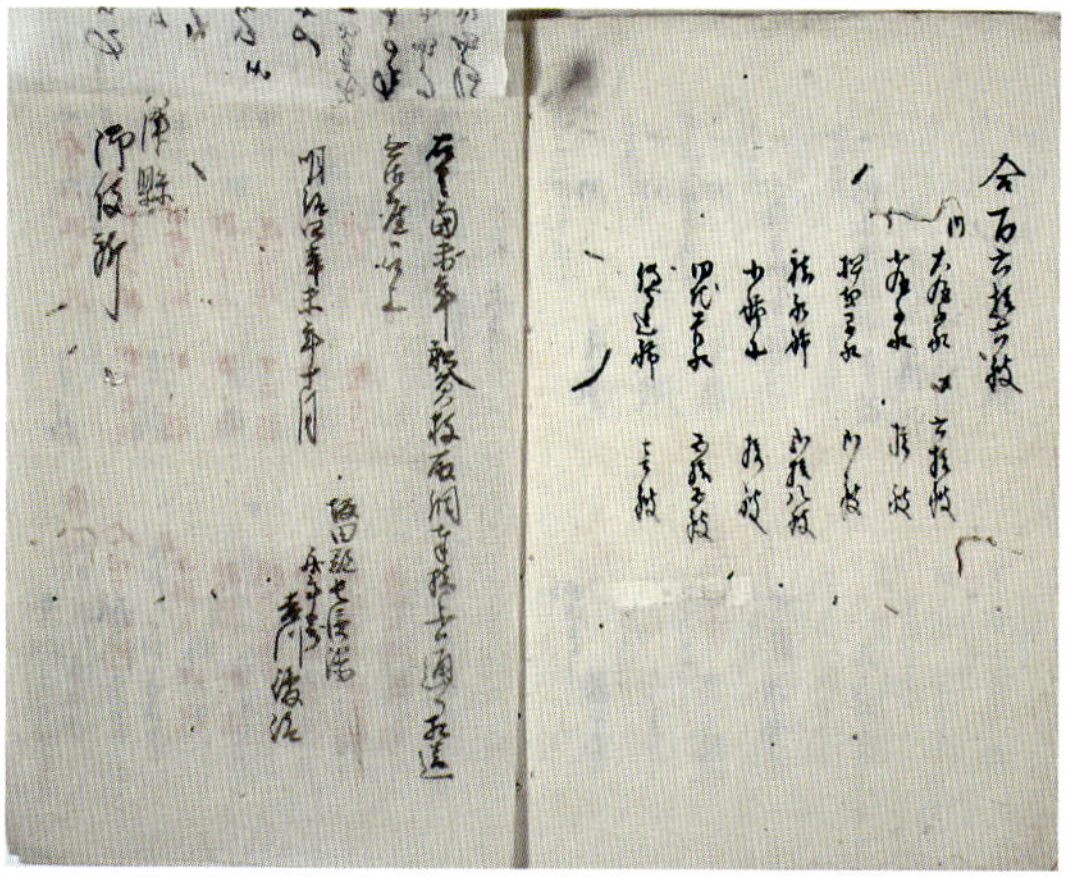

B4 船員数取調帳　吉川三左衛門文書
明治四年（一八七一）十月に、長浜の船年寄・吉川三左衛門が、滋賀県へ長浜湊の船数を届け出た文書である。大丸子船六〇艘、田地養船五五艘を含めて、合計一六六艘の船があったことが記されている。

故が少なく、難船に対する備えを細部にわたって行う必要がなかったためであろう。

なお、最近になって、杉江進氏は近世琵琶湖舟運の中心を担った丸子船の名称について、新たな指摘を行っている。船底が艜《ひらた》は平らなのに対し、丸い構造を持つ丸子船は、秀吉政権下では「丸船」と呼ばれた。江戸幕府の成立にともない、「丸船」は「丸子船」と称されるようになり、遅くとも天和二年（一六八二）以降、幕府の船奉行管轄下では「丸船」に名称が戻り、彦根藩領下では引き続き「丸子船」の号が使われてきたことを明らかにしている。

大津・堅田と諸浦

江戸幕府は、その当初から湖上交通をその手中に収めようとし、秀吉が編み出した施策をほぼ踏襲している。すなわち、大津の百艘船の特権を認め、艫折廻船の規則を踏襲、船奉行を引きつづき観音寺に命じた。大津百艘船については、この時代も特権が認められていた。その特権とは、大津に入った他浦の船には、戻り船に際して大津からの荷は積ませないことであった。さらに、大津・堅田・八幡の「諸浦の親郷」は、廻船規定違反の船を摘発し、違反者が出れば詫状《わびじょう》を取るという権利を有していた。江戸時代の琵琶湖の舟運は、制度上から見れば、これらの特権をなんとか崩そうとする湖北四ヶ浦と彦根三湊、それに対して、前代からの特権を維持しようとする大津・堅田の葛藤の歴史であったと言えよう。

湖北の浦々との対立は、すでに寛永十二年（一六三五）には起きている。塩津・海津等が「諸浦」の船には荷を積ませないと主張したのである。「諸浦」とは、この場合、具体的には大津・堅田を指す。また、慶安四年（一六五一）には、艫折破りを見とがめた堅田の者が、海津で袋だたきにあう事件が起きており、元禄九年（一六九六）にも、今津の艫折拒否をめぐり、大津・堅田等と相論が行なわれている。一方、湖北の中規模港南浜《みなみはま》（長浜市南浜町）の船は、元禄十六年（一七〇三）、大津からの戻り船に、領主小堀家の米を積んで出発しようとした所を百艘側に見とがめられ、相論になっている。しかし、こういった湖北の浦々の訴えにもかかわらず、幕府の判決は大津や堅田の特権を認めるものであった。

彦根三湊との対立は、大津の彦根蔵の敷地に住《すま》いした「他屋《たや》」という商人たちとの争いから始まった。寛永八年（一六三一）、大津百艘船は、大津からの荷出しは、百艘船に限られているにもかかわらず、他屋が

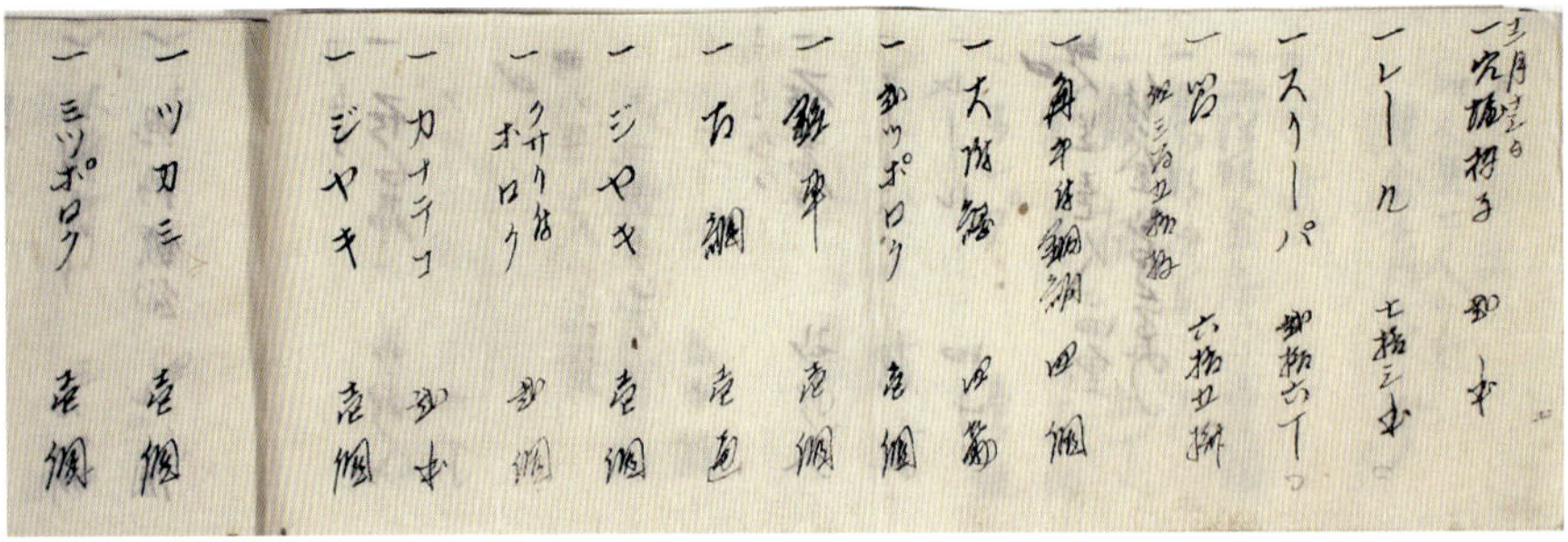

B25 鉄道設置ニ付陸揚物品簿　吉川三左衛門文書

明治 13 年（1880）から翌年に至る長浜湊での荷揚げ物品の一覧である。11 月 9 日の冒頭には、箱スパナ 1 個などの工具が書き上げられ、11 月中には多くのレール・スリーパ（枕木）の荷揚げ記事がある。長浜・敦賀間の鉄道敷設工事にともなう工具・材料も、湖上舟運で運ばれた事実を読み取ることが出来る。

これを破ったと彦根藩に訴えている。以後、大津からの人と荷の積出しについて、百艘と他屋は争いを繰り返した。その過程で、彦根の問屋や、三湊の船主を仲間に引き入れ、彦根藩の力もかりて、他屋は三湊船の大津荷積の既成事実を作り上げていったのである。それは、彦根藩側の史料からみると、大津に対して一定の「上米《あげまい》」を支払うことで解決がなされた。さらに、大津に対抗する彦根藩領湊における荷出しは、大津と同様に自浦の船が優先するという、艫折慣行除外の作法を確立させていった経緯とみなせると母利美和氏はまとめる。

その後も、大津側は荷積みに際しての増賃要求を行い、彦根藩側と争いを繰り返す。そして、ついに享保五年（一七二〇）、二年前に出された大津の特権を認める幕府の裁決をしりぞけ、大津彦根倉からの三湊による物貨の独占的荷積みを許可し、百艘船による荷積みを許さない逆転判決を勝ちとった。この背景には、中央政界で力を持つ彦根藩主井伊家の政治的圧力があったと考えられている。他方、彦根三湊も江戸時代を通して、関ヶ原から近江に入ってくる東国の荷物の積出しを、長浜と米原が激しく争うなど、決して一枚岩ではなかった。

江戸時代の琵琶湖舟運は、このように大小様々な問題を抱えながら推移していく。寛文年間（一六六一〜七三）に瀬戸内海経由の西廻り航路の整備がなされ、北国の物資が琵琶湖を経由せずに京・大坂へ回漕される事態が生じると、減少する物資をめぐって琵琶湖の諸浦（湊）間の争いは、江戸中期以降、より激化していくことになる。

蒸気船の時代へ

以上、江戸時代の舟運は、史料の関係上、三湊を含めた湖北の各港から大津への航路に問題が集中する。もちろん、それが重要な航路であったからだが、堅田と海津が「横渡り」という琵琶湖の東西の浦々を結ぶ航路をめぐり争っているように、中世同様、湖の各浦を縦横に結ぶ地域間航路が日常的に使われていたことは間違いない。

江戸時代を通して、琵琶湖の湖上交通は西廻り航路の活況により、日本の幹線交通路としての地位を奪われ斜陽化をたどったが、明治維新はそれを助長させ、転換の時期をもたらしたのである。ここに丸子船・艜といった前代の和船に代わって登場したのは、蒸気船であった。蒸気船は木造船から鋼鉄船へと変化し、鉄道連絡船としての機能も付与され、琵琶湖の新たな主役に躍り出るのである。

コラム

信長の水城

大沼芳幸

古代的権威の崩壊と共に、まさに群雄割拠の様相を呈していた琵琶湖の水運を、新たな権威の元、再編成した者がいる。織田信長である。戦闘という、一見、華やかな面で注目される信長であるが、彼の真骨頂は、武力も含む様々な要素（政治・経済・信仰）を自在に駆使しながら、日本を総合的に統治しようとしたところにある。その総合的戦略の重要な部分を占めるのが、琵琶湖水運の掌握による経済戦略である。

信長は、近江に四ヶ所の本格的な城郭を築城している。坂本城、長浜城、大溝城、そして安土城である。これらの四城には共通項がある。いずれの城も「水城」である、ということおよび、近江とその周辺の軍事的支配の具現化と歩調を合わせるように、次々と造られていったことである。

水城の定義は複雑であるが、ここでは単純に、水城とは「縄張りの一部が琵琶湖、もしくは、内湖に接する、あるいは縄張りに取り込んだ城郭」としておく。まず、信長の水城を概観してみよう。

坂本城石垣　大津市教育委員会提供

坂本城

元亀二年（一五七一）に築城が開始される。比叡山焼き討ちを敢行した直後である。安土城に先行し、複数の天守が備えられていたと伝えられるが、縄張りの詳細には不明の部分が多い。しかし、現在も湖中に石垣が残るように、琵琶湖に面し、堀の一部に琵琶湖を取り込んだ水城である。城主は明智光秀。

長浜城

天正二年（一五七四）に築城が開始される。天正元年に落城させた小谷城の機能を遷したと考えられる。長浜城も、後世の開発を受け、その詳細には不明の部分が多いが、湖上に天守が浮かぶ水城であったと考えられる。城主は羽柴秀吉。

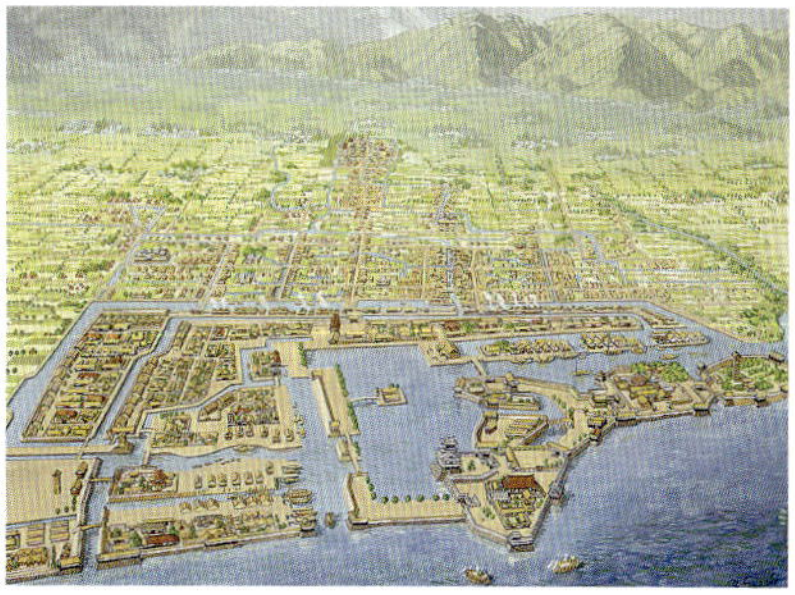
長浜城下町復元図　長浜市長浜城歴史博物館提供

大溝城

天正六年（一五七八）に築城が開始される。乙女ヶ池と呼ばれている内湖と、琵琶湖をを縄張りに取り込んだ水城で、現在も天守石垣が残されている。古来、琵琶湖の要港として名高い勝野津に近接する。大溝城は、今なお水城の景観を留めている点で、重要な城郭である。城主は織田信澄。

安土城

　天正四年（一五七六）に築城が開始され、天正七年には天主が完成する。琵琶湖最大の内湖である大中の湖に突き出る半島上に築かれた、三方を水面に囲まれた水城で、その最高所には、五層七階の天主が聳え建っていた。城主は、織田信長。

　安土城が築城開始された天正四年（一五七六）とは、信長にとってどのような年だったのだろうか？天正元年（一五七三）、浅井氏を倒し、湖北の支配権を手に入れる。天正二年（一五七四）、さらに佐々木六角氏を駆逐し、近江の支配権を手に入れる。同年、長島一向一揆に勝利する。天正三年（一五七五）五月、長篠合戦で武田勝頼を破る。同年九月、越前一向一揆の制圧にのりだす。そして、同年十一月、突然、家督を長男の信忠に譲り、天正四年一月、安土城の築城に着手するのである。

　城郭は当然、軍事的施設である。しかし、安土城築城の経緯を見れば、少なくとも、東海、北陸、そして近江の軍事的な脅威をすべて排除した後に築城されている。そして、これと相前後して、琵琶湖の周辺に次々と本格的な城郭が築城されるのである。信長がこれらの水城に求めた機能とは何であったのだろうか？

　信長は、これら四城により琵琶湖の水運を掌握しようとした。坂本城は、琵琶湖を渡り、運ばれた物資の陸揚げ港である、坂本港を押さえた。大溝城は、若狭からの物資が集積する勝野津を押さえた。長浜城は、北陸からの物資が集積する塩津港、東海からの物資が集積する朝妻港を押さえた。そして、琵琶湖から伊勢、甲賀に向かう道と、日本の東西を結ぶ下街道の結節点に安土城を築いた。琵琶湖を支配するため、信長は、安土城を中心とした堅固な水城網を構築したのである。

　安土城天主台に上ると、信長の水城を全て遠望することができる。天主上からこれらの水城、そして琵琶湖を行き交う船を信長は、満足げに見下ろしていたに違いない。

　そして、信長の水城による琵琶湖の掌握は、秀吉の坂本城、大津城、さらに家康の膳所城、彦根城という水城の築城に継承される。

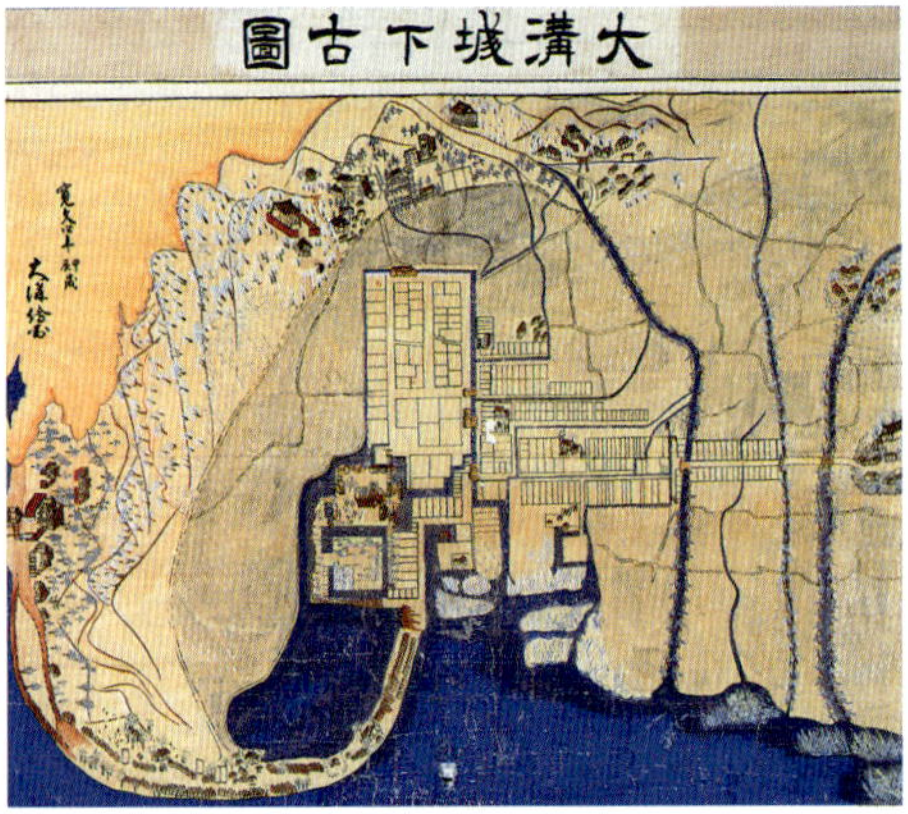

大溝城下古図　高島市教育委員会蔵

西の湖と安土山（手前の黒い山）

コラム

琵琶湖と海を接続せよ！

―琵琶湖運河計画と琵琶湖疏水―

辻川哲朗

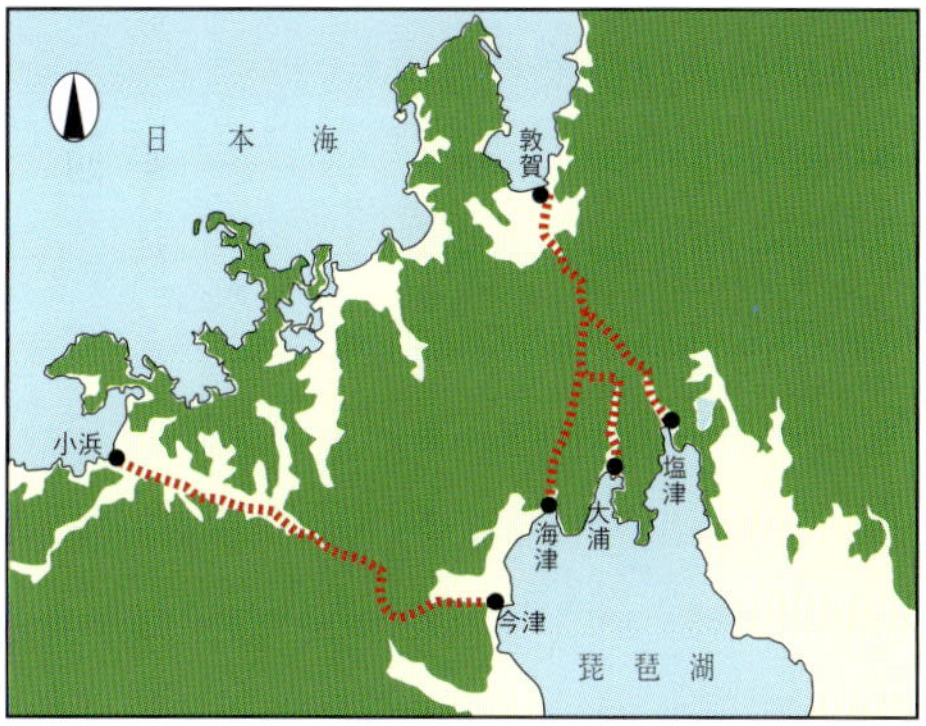

琵琶湖―日本海間の運河計画ルート　江戸時代以降、琵琶湖と日本海を接続する運河が何度も計画された。計画ルートはさまざまだが、いずれも険しい県境の山岳地域に導水路を掘削せねばならず、当時の技術力では実現は困難だった。

琵琶湖の地理的特性　琵琶湖は列島最大の内水面である。しかも、琵琶湖から周辺の海岸までの最短距離は、日本海岸まで約二〇キロ、大阪湾・伊勢湾までは約五〇キロと、日本海と太平洋がきわめて接近する場所にあたる。陸上交通手段が発達していなかった前近代社会では、大量の物資を運搬するには舟運がもっとも適していたから、こうした地理的特性ゆえに、琵琶湖は日本海側と太平洋側とを水運で接続する役割を担ってきた。

江戸時代の運河計画　江戸時代初め頃まで、日本海側の物資は、日本海を回漕され、敦賀・小浜で荷揚げされたのち、陸路を峠越えして、琵琶湖岸の各港で舟に積み替え、再び大津で陸揚げして、京・大坂へ陸送されていた。

しかし、このルートには、敦賀・小浜と近江の各港湾とは距離的には近いが、陸送コストがかさんでしまう問題があった。そのため、幕府は時の豪商である河村瑞賢に、より効率的に大量の物資を大坂へ回漕することを命じた。瑞賢は、日本海側の物資を敦賀や小浜で陸揚げするのではなく、そのまま日本海を西へ進み、関門海峡から瀬戸内海を経て、大坂へ到達する西廻り航路を寛文十二年（一六七二）に整備した。その結果、日本海側の物資は大坂まで一気に回漕され、価格面で西廻り航路におよばない琵琶湖水運は大打撃をうけることになってしまった。

とはいえ、日本海側と大坂・京を結ぶルートとして琵琶湖を経由するのが距離的にみて最短であることは明らかだから、琵琶湖の舟運を活用するために、敦賀・小浜と近江の各港湾間の山地を乗り越える運河計画が何度も計画されることになる。

琵琶湖と日本海側を水路で接続するには他にも目的があった。瀬田川の疎通を十分に管理できなかった当時、琵琶湖の水を日本海に落とすことで頻発する琵琶湖周辺の水害を回避する目的である。さらに琵琶湖の水位を下げることで現れた陸地を開墾して水田拡大をはかることも目論まれていた。

運河計画の内容はさまざまだったが、多くの場合、日本海側と琵琶湖川から現況河川を整備し、河舟が遡上できるところまで舟運で貨客を運び、その間は陸路で山越えをするという水陸路併用方式が計画された。計画は一部で実施着工された以外、計画倒れに終わった。その主な原因は、技術力がおよばなかったことにあるが、水位低下をおそれた琵琶湖周辺の漁民等の住民から猛烈な反対運動があったこともあげられる。

近代の運河計画―琵琶湖疏水　明治時代になると、琵琶湖と太平洋側の京都を接続する琵琶湖疏水が計画され、明治二十三年（一八九〇）に完成した。琵琶湖疏水は京都へ水を安定供給するとともに、水力発電によって近代化を実現した。さらに、疏水に通船することで、京都への物資輸送路としての役割も果たした。

大琵琶湖運河計画　昭和八年（一九三三）には琵琶湖疏水を計画し完成させた田辺朔郎が敦賀と大阪を結ぶ「大琵琶湖運河計画」を発表する。敦賀―塩津間に幅八五メートル・水深一〇メートル規模の運河を掘削し、一万トン船舶を日本海から大阪湾まで航行させる計画だった。海水面と琵琶湖水面との比高約八五メートルはパナマ運河等で用いられた水門方式を採用することで解決しようとした。

　この計画の利点として田辺は次のような点を指摘していた。①日本海を挟んで中国東北部にあった「満州国」や、朝鮮半島と本州の主要工業都市である京阪地域との間の物流ネットワークを整備拡充できる。②下流の淀川の付替えによって運河周辺に工業地帯を確保し、京阪地域の経済発展が見込まれる。加えて、日満間に日本海を横断する「船鉄道」航路を就航させることも提案した。これはかつての青函連絡船や宇高連絡船と同じく船内に列車をそのまま積み込み運搬する方式である。小浜―大阪間に新線を敷設し、一時間二十分で結ぶ高速旅客列車を走らせ、大阪・満州間を直通列車で接続できるとした。残念ながら、戦局の悪化により計画は実現にはいたらなかった。

琵琶湖疏水　田辺朔朗らの日本人技術者が自力で完成させた。日本の土木史上記念碑的な近代化遺産である。明治23（1890）年に完成した。琵琶湖疏水は、京都へ水を安定供給し、水力発電による近代化を実現した。さらに、疏水に船を通すことで、京都への物資輸送路としての役割も果たした。

戦後の運河計画　昭和三十六年（一九六一）には、さらにスケールの大きな日本横断運河構想が計画された。敦賀湾―琵琶湖―伊勢湾を運河でつなぎ、三万トン級船舶を航行させる壮大な計画である。敗戦後の国力回復と琵琶湖の水位調整による洪水回避を主な目的としていたが、この計画も巨額の建設費等の問題から中止されてしまった。

水運社会から陸運社会へ　このように運河計画の目的は時代による変化をみせるが、その根底には列島中央に位置する琵琶湖の水運を列島規模の、さらには対外的な物流網上で最大限活用しようとする強い意志がうかがわれよう。

　しかし、時代は大きく変化した。モータリゼーションが急激に進み、物資輸送の主力は高速道路網を利用したトラック輸送に転換していく。その点で琵琶湖大橋（昭和三十九年完成）と近江大橋（昭和四十九年完成）の架橋は象徴的な出来事だった。琵琶湖が物資輸送の手段ではなく、もはや物資輸送の障害物になったことを如実に示しているからである。

琵琶湖の船の変遷

A4 天智天皇行幸船イメージ復元模型　滋賀県立安土城考古博物館蔵

万葉集に詠まれる琵琶湖の大船を行幸船として復元した。長さ 35m、幅 2.8m の細長い船で「竪板型準構造船」となる。船体は、３材を縦方向に結いでおり、船上には天皇のための屋形が乗る。

A18 塩津の船イメージ復元模型　滋賀県立安土城考古博物館蔵

塩津港遺跡から出土した船形模型を丸子船の祖型であると仮定して復元した。丸子船の特徴の一つである先端のしぼり込みの工法「ヘイタ造り」を、準構造船からの派生技術と考え、３材刳ぎ合せの刳貫き成形としてみた。

A20 信長の大船イメージ復元模型 滋賀県立安土城考古博物館蔵

信長公記に見られる仕様「長さ 30 間、幅 7 間、艘 100 延、前後に櫓」を元にイメージしてみた。棟梁が岡部又右衛門であり、工期が 40 日ときわめて短いことから、直線を基調とした箱船のようなものとした。しかし、信長の目的である「他を圧倒し、驚愕させるもの」とするため櫓は華美なものとした。

塩津港遺跡全景　滋賀県教育委員会提供

琵琶湖最北端に位置する港「塩津港」は、京と北陸の物流を支える重要港であった。平成 18 年（2006）から平成 20 年（2008）にかけて行われた発掘調査によって港の入口と考えられる所で神社跡が検出された。11 世紀から 12 世紀の神社で、当時の港の様子を伝える木簡などが多数出土している。

琵琶湖博物館に展示中の復元丸子船　滋賀県立琵琶湖博物館蔵

琵琶湖博物館「人と琵琶湖の歴史」展示室の丸子船。江戸時代ら戦前にかけて、琵琶湖輸送の主役であった丸子船を戦後、50年ぶりに復元したもので、百石積みの帆走木造船。大津市堅田の船大工親子が建造し、実際に湖上を航行した後、博物館へ搬入したもので、長さ17m、幅2.8mを計る。

A13 塩津港遺跡出土の船形模型　滋賀県教育委員会蔵

塩津港遺跡からは、２艘の船形模型が出土した。いずれも平安時代末のものである。模型の精緻さが違うが、同じ型をモデルにしたものと考えられる。当時の船の主流である準構造船とは異なる構造船で丸子船の祖形となるものと考えられる。

A7 準構造船舳先　滋賀県教育委員会蔵

守山市の赤野井浜遺跡から出土した舳先である。弥生時代のもので、竪板型準構造船の先端部分になる。竪板が取り付けられていた圧痕や仕口の加工形状が観察できる良好な資料である。また、手のひらに乗る大きさから、弥生時代すでに小型船までが準構造船となっていた様子がうかがえる。

準構造船竪板　滋賀県立琵琶湖博物館蔵

彦根城の北にあった松原内湖から出土した竪板である。古墳時代のもので竪板型準構造船の先端部に取り付けられている部材である。両側の溝に舷側板がはめ込まれ、鉄クギなしで船体に接続できる工夫がなされている。

B13 長浜汽船湖東丸図　長浜市長浜城歴史博物館蔵（藤田信義氏寄贈資料）

明治 11 年（1878）長浜所属の蒸気船として建造された「湖東丸」の錦絵。木造 25 トンであった。船主は不明であるが、のちに大津汽船会社の社長となった浅見又蔵の可能性が大きい。本図は、船中の模様が生き生きと描かれていることが特色である。窓から外を見る乗客、甲板で雑談する人々、手をかざし前方を見る水夫など、船中の活気を実によく伝えている。同様の錦絵の中では、出色の出来ばえといえる。

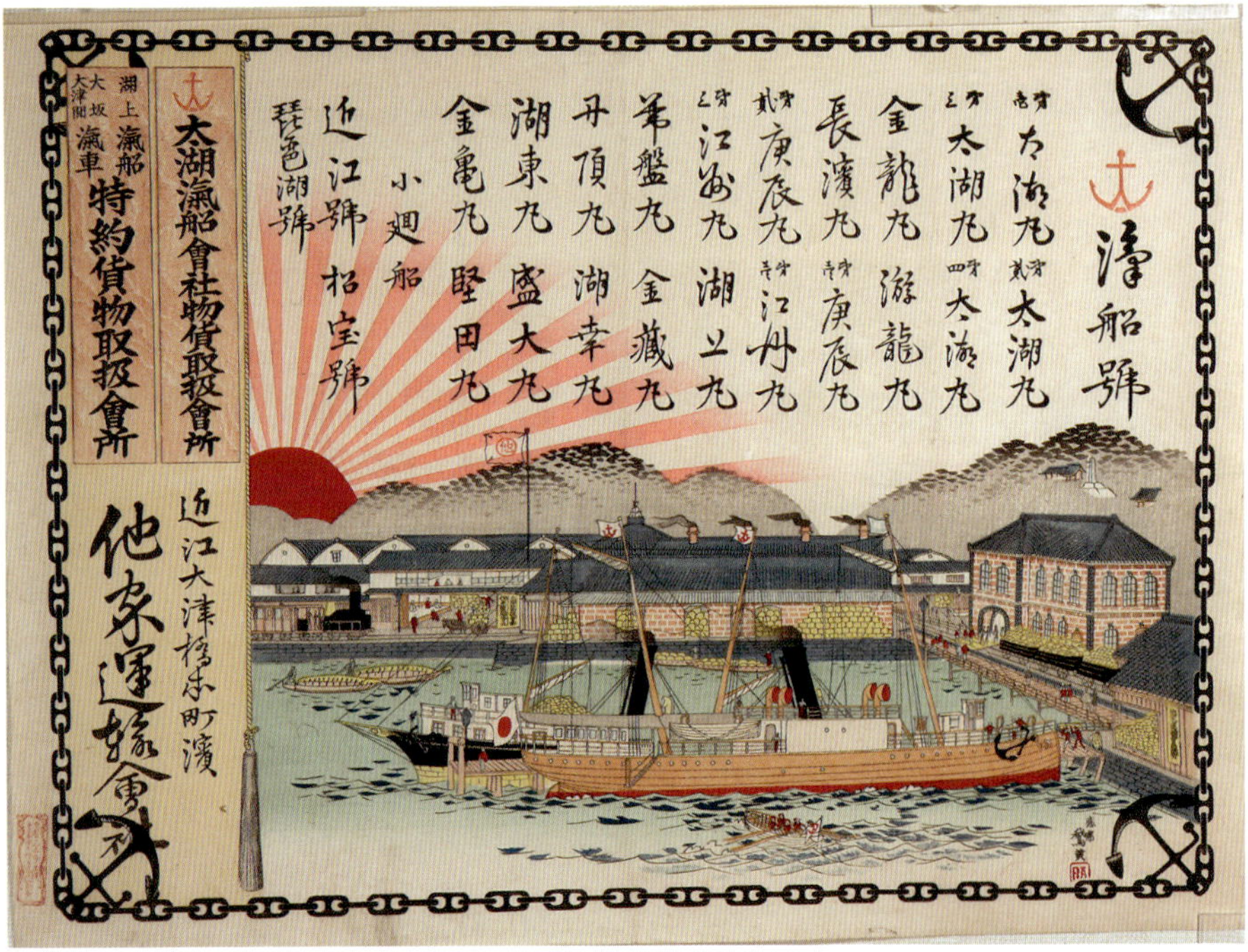

B62 他家運搬会社引き札　長浜市長浜城歴史博物館蔵（片桐清七コレクション）

大津の橋本町（現大津市浜大津）浜にあった運搬会社の引き札。江戸時代、彦根藩の米蔵が置かれていた。「他家（屋）」とは彦根藩領の米を独占的に扱う商人のことを言うが、運搬会社の名もそれに由来して付けられたと考えられる。「太湖汽船会社」の名と汽船名から、明治16年（1883）頃のものであろう。当時の大津駅や汽船の姿が描かれる。

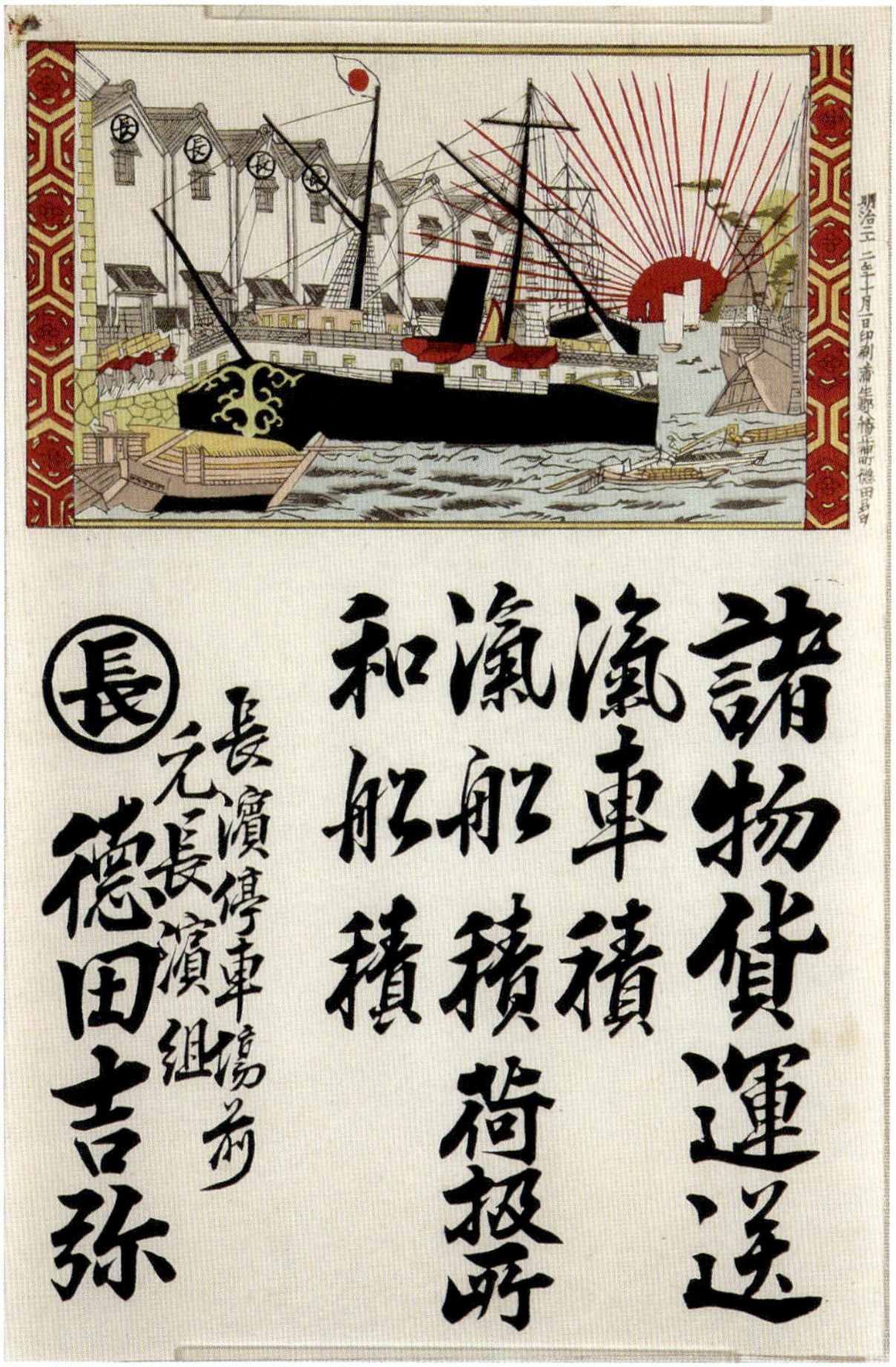

B64 徳田吉弥引き札　長浜市長浜城歴史博物館蔵（片桐清七コレクション）

長浜停車場（長浜駅）前で運送業を営んでいた徳田運送店の引き札である。札には「諸物貨運送　汽車積　汽船積　和船積荷扱所」とある。和船、木造汽船、鋼鉄汽船など、湖上交通の主役船が勢ぞろいである。背後に立ち並ぶ蔵も往時の賑わいを伝えている。明治 22 年（1889）発行。

琵琶湖に浮かんだ大船
―天智天皇の大御船・塩津の船　そして信長の大船―

横田洋三

新開4号墳出土の船形埴輪　栗東市蔵
栗東市の新開古墳から出土した船形埴輪。竪板型の準構造船で、オールを掛けるピボットが多数表現されているところから、大型船であることがわかる。

枯野《かれの》の船

弥生時代になると、船はそれまでの木から削り出しただけの単材丸木舟から、より複雑な構造の準構造船へと変わっていく。準構造船とは完全には組み立て構造になっていない船のことで、船底に丸木舟を残している。舷側板などを取り付けることにより、大きさや形状の自由度が高くなり、鉄製工具の普及とともに浸透していったものと考えられている。同時に社会の成熟とともに船は高い走行能力や輸送力などを求められるようにもなり、船は多様化し大型船も登場することになる。

日本書紀の応神天皇（五世紀前）のときの記述に大きな船を造った話がある。

「朝日には淡路島に、夕日には高安山に影を落とす高樹があった。これを切って船を造った。長さ一〇丈（三〇メートル）の船ができた。枯野と名付けた。」

大阪の上町台地にとてつもなく大きな樹が生えていて、これを切って大きな船を作ったというお伽話のような話である。記述の真相は別にして、この話では大きな船を造るために大きな木を切っている。準構造船は刳舟《くりぶね》を土台とするため、大きな船を造るには大きな木が必要となるのであるが、枯野の船もその話から準構造船であったと想像することができる。

埴輪の船

古墳時代、埴輪などに表現された船はすべからく船底に丸木舟を抱えた準構造船である。数多くのピボット（オールの支点）を持ち、屋形が乗り、衣笠や幡で飾られたものもあり、当時の大型船の姿でもある。伝説の枯野の船も想像するならば、このような姿をしていたのであろう。

しかし、実物船となると出土資料がほとんどなかったため、準構造船の姿は長く埴

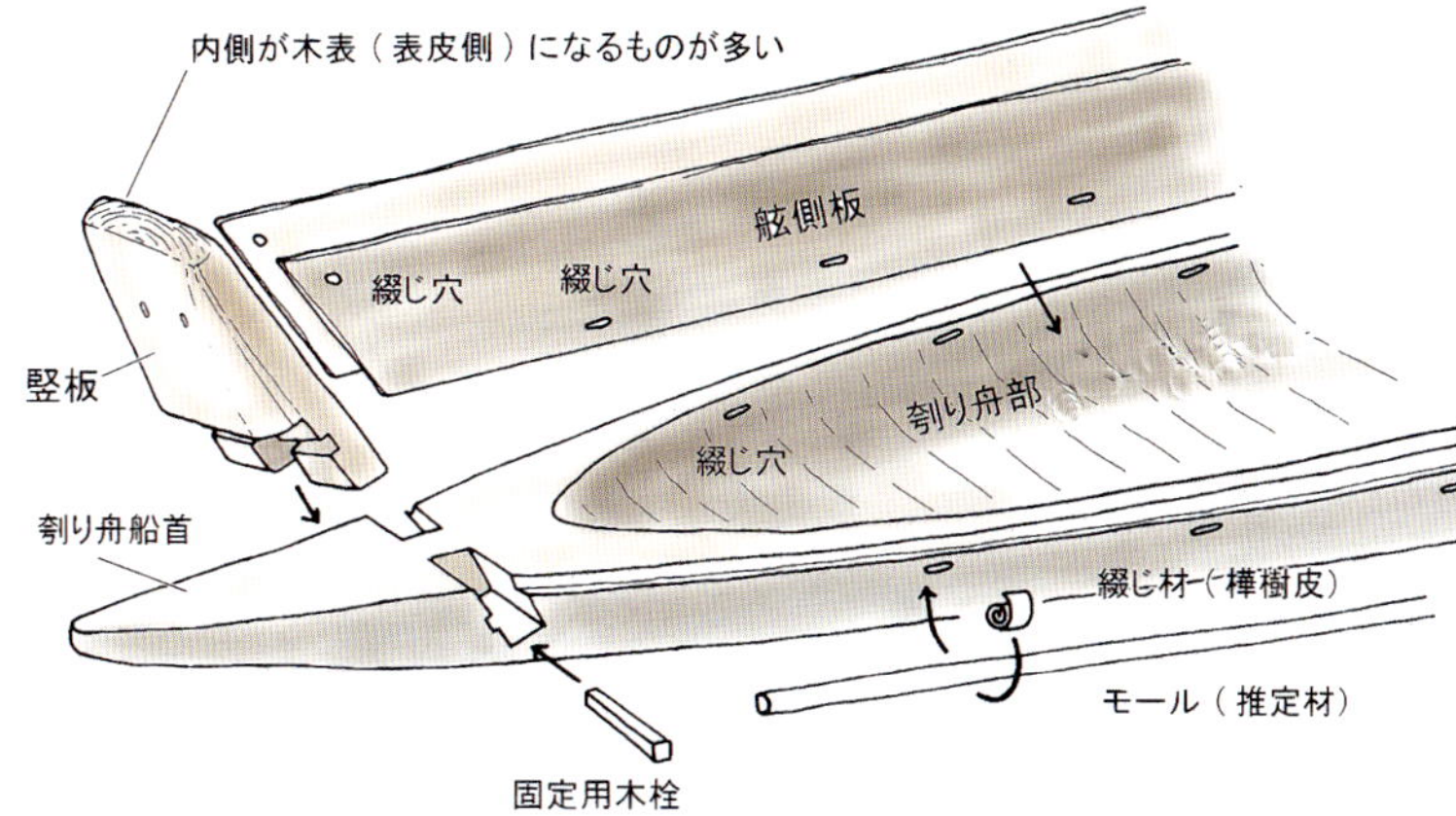

竪板型準構造船の基本構造

輪や絵画資料などそれなりにデフォルメされた資料にたよって考えざるを得なかった。ところが近年、大阪の久宝寺《きゅうほうじ》遺跡から古墳時代初めごろの大型準構造船が良好な状態で出土した。これを契機として、いくつかの実物船が出土するようになり、初期の準構造船の具体的な姿や構造が明らかになりつつある。

具体的にわかってきたのは「竪板《たていた》」と呼ばれる部材である。久宝寺の船が見つかるまではその用途がわからず、不明木製品とされていた奇妙な形状の部材である。この竪板とは刳り舟の前後に取り付けるもので、船の端部をふさぎ、さらに力の集中する舷側板の小口を受け止めるという、重要な役目を果たす部材だったのである。

初期の準構造船は丸木舟の先端に巧妙で精巧な仕口を刻んで竪板を取り付け、竪板の内側に掘られた溝に舷側板をはめ込むという構造をとっている。そして、舷側板と刳舟船体とは桜の皮のような樹皮で結束する。つまり、初期の準構造船は巧妙な木組みと、樹皮による結束のみで組み立てられていたのである。埴輪の船が、一種奇妙な形状をしていたのは、木組みで何とか組み上げた、返して言えば「船釘」による結束に頼らない、木組みのみで造られた船が持つ独特の形状だったのである。

塩津の船の項でも触れるが、実は準構造船は中世まで、日本の船の主流をなしている。であるから、ここまでに紹介したのは初期の準構造船のことについての話である。絵巻などに中世の準構造船を見ることができるのであるが、その姿には、すでに初期の面影はない。丸木舟の部分は確認できるが、前後の部材は段差なく継がれ「つるり」としているのである。これは接合に「船釘」を使用することによって成り立つ継ぎ方であり、船釘が造船技術を進化させる重要な部品であったことをうかがわせている。

【註】当時の準構造船には久宝寺船のような「竪板型準構造船」の他に、ゴンドラのような形をした「貫型準構造船」がある。

琵琶湖周辺からも準構造船の実船資料が比較的多く出土している。なかでも守山市下長遺跡の船は船体と舷側板が樹皮で結束されている様子が観察され、赤野井浜遺跡出土の舳先（A7、三二頁）は竪板が接触していた箇所の圧痕が観察される良好な資料である。この他にも松原内湖遺跡や入江内湖遺跡などから竪板などの部品が出土している。竪板の形状や大きさにはかなりのバラエティがあり、準構造船が多様化して

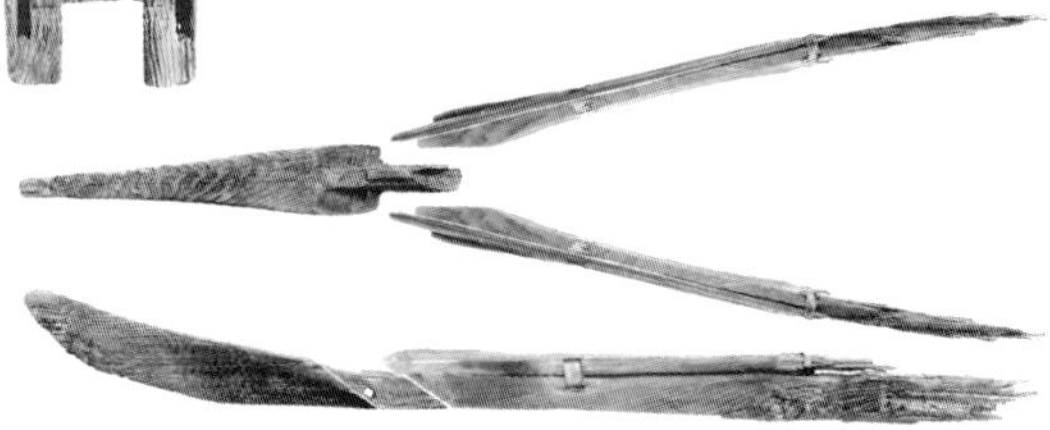

琵琶湖周辺から出土した準構造船の各部材。右下の写真は守山市下長遺跡出土の部材を写真上で組み立ててみた。

いった様子をうかがうことができるが、久宝寺船のような大型の資料を合わせてみても、竪板の基本的な構造と形状はどれも同じである。国内で発展的な形状の変化を見ることができないことは、竪板型準構造船の造船技術が当初より成熟状態にあり、朝鮮半島からの輸入技術との仮定が成り立つ。

船はその用途により、さまざまな大きさのものが造られてきたが、大阪の久宝寺船が外洋船と推定される大型船（推定二〇メートル級）で竪板が高さ一・八メートルと身長を超えるような大きなものであるのに対し、琵琶湖周辺から出土した竪板は大きなものでも高さ六〇センチ、小さなものでは二〇センチと手のひらに乗るようなものも出土している。琵琶湖では早くから丸木舟から準構造船への変換が進み、小さな船までに準構造船のもつ機能性が必要とされていた様子がうかがわれる。

古墳時代以降の船

古墳時代以降になると実物船の資料は皆無に近く、また絵画資料など視覚的な資料もなくなってしまう。中国には遣唐使が送られ、朝鮮半島とは盛んに交流が行われる時代の中で、船が重要な役割をなしていたことは言うまでもない。であるにもかかわらず、この時代の船は想像の域を脱することができない状態である。

万葉の船

万葉集に船が詠まれているものが多くある。そこには「大御船《おおみふね》」「大船」「百積《ももさか》の船」「船」「小舟」「棚《たな》なし小船」などの種類がある。天皇の行幸用の大御船。荷物をたくさん積むことのできる大型船。普通の船などである。わざわざ「棚なし（舷側板なし）」としている小船は単材丸木船のことであろう。となれば、ほとんどの船が古墳時代に盛隆した準構造船を引き継いだものと想像してよいのであろう。

大船を詠む歌に「真楫繁貫《まかじしじぬ》き」と舷側に多くの櫂《かい》を取り付けた様子を詠むのものが多くみられる。中には「真楫繁貫き…韓国《からくに》へ遣る」と櫂で漕いで渡海している様子がうかがわれるものもある。人力による航行は非力で、持続力も劣り、長距離の航行には限界があると考えられるが、「帆」が詠まれる歌は、ほとんどなく、わずかに「海人小船　帆かも張れると…」と読まれるのみである。順風満帆の船の姿は勇壮で歌に格好の材料であるはずである。にもかかわらず、帆がほとんど詠まれていないのは、帆走が未発達の状態で装着する船が少な

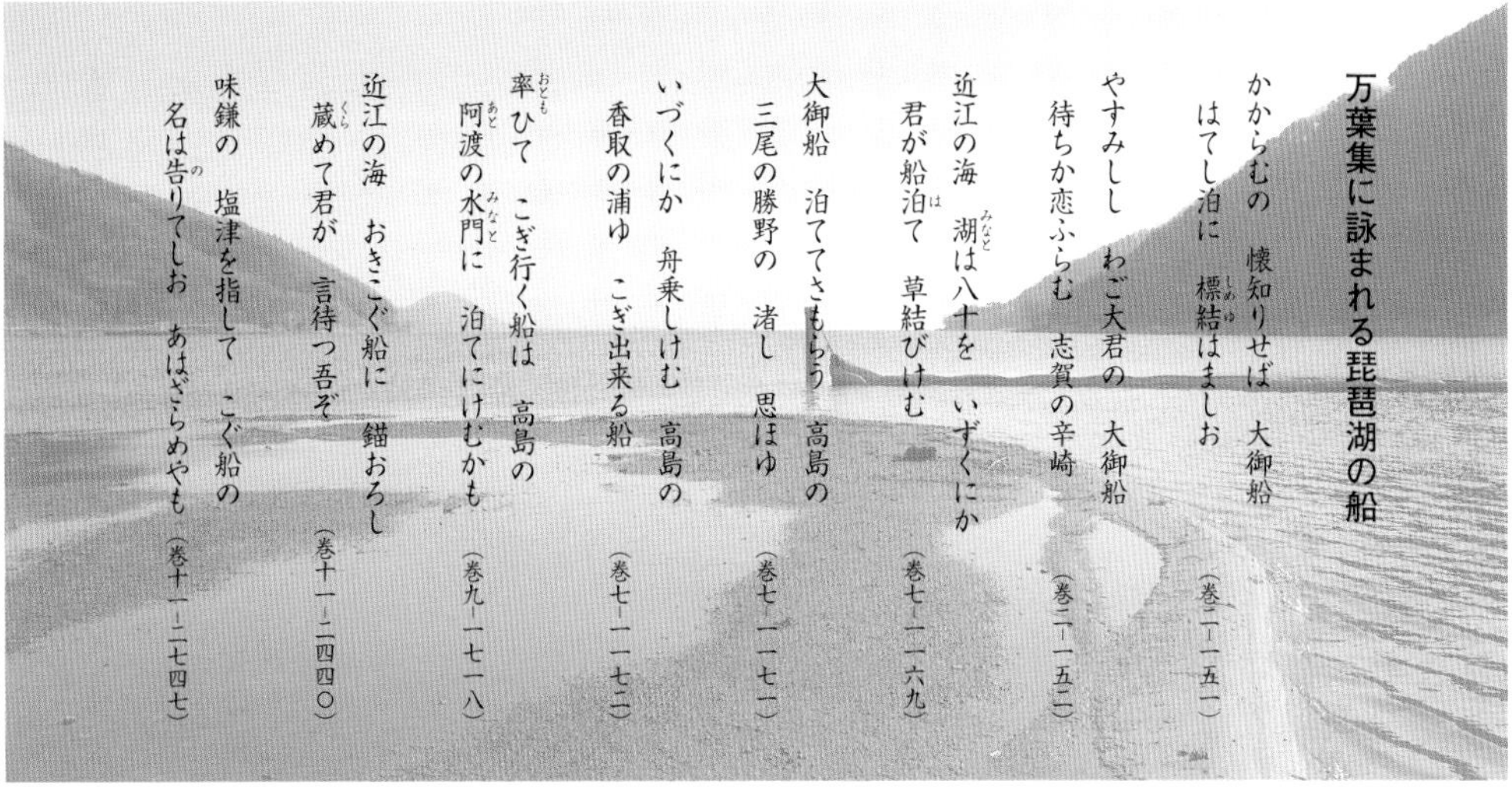

万葉集に詠まれる琵琶湖の船

かからむの　懐知りせば　大御船
はてし泊に　標結《しめゆ》はましお　（巻二―一五一）

やすみしし　わご大君の　大御船
待ちか恋ふらむ　志賀の辛崎　（巻二―一五二）

近江の海　湖《みなと》は八十を　いずくにか
君が船泊《は》て　草結びけむ　（巻七―一一六九）

大御船　泊ててさもらう　高島の
三尾の勝野の　渚し　思ほゆ　（巻七―一一七一）

いづくにか　舟乗しけむ　高島の
香取の浦ゆ　こぎ出来る船　（巻七―一一七二）

率《おとも》ひて　こぎ行く船は　高島の
阿渡《あと》の水門《みなと》に　泊てにけむかも　（巻九―一七一八）

近江の海　おきこぐ船に　錨おろし
蔵《くら》めて君が　言待つ吾ぞ　（巻十一―二四四〇）

味鎌の　塩津を指して　こぐ船の
名は告《の》りてしお　あはざらめやも　（巻十一―二七四七）

かったことを示しているのであろう。

日本書紀・続日本紀の船

西暦六六三年、倭国は、唐と新羅に攻められて滅びた百済を復興救済するために一〇〇〇隻を超える船で援軍を派遣している。最終決戦となった白村江の戦いはクムガンの河口でおきた海戦である。倭軍の将軍阿部比羅夫《あべのひらふ》はかつて数度にわたり百余隻の船で日本海を北上し蝦夷・粛慎《みしはせ》に遠征した人物である。対外的に緊張期であった当時、日本は期せずして大造船時代ともいえる時期だったのである。主力となった船は五〇人から一〇〇人が乗れる大型船であったことが記録からうかがえる。

日本書紀には同船（モロキフネ）（同船＝諸木船＝母慮紀舟）という船が大船とは別の船として登場する。このほか安芸《あき》（広島）で作った百済船、王元仲が初めて造ったという飛舟など構造の違いのある船の存在が想定される用語がある。

七世紀から八世紀、日本の造船技術は新たな段階に進んだ可能性がある。古墳時代の船が進化したものに加え、半島や大陸の造船技術が入り、準構造船とは異なる構造となった船が「モロキフネ」「百済船」「飛舟」と呼ばれたのであろうか。

天智天皇の大御船

天智朝の時代、具体的にどのような船が造られていたかを知るのに「常陸国風土記」に次のような記述がある。

流著大船、長十五丈濶一丈餘、朽摧埋砂、今猶遺之、謂淡海之世…（常陸国風土記）

（昔、漂着した大船は、長さが四五メートル、幅三メートルあまりで朽ちた状態で砂に埋もれ、今（奈良時代）も残っている。大津宮の時代のもので…）

大きさについては信憑性を別にしても、座礁したとのことなので、大きな船であることに違いない。そして長さの割に幅が極端に狭いその細長いフォルムは準構造船であることに他ならない。

この船は基本的には少し前の古墳時代の船と大きな違いはなかったものと考えられる。しかし、この船の製作に必要な直径三メートル近い原木はなんとか探し出すこと

『日本書紀』に見る船の記述

枯野の船　長さ十丈（三十メートル）の官船（応神）
難波津より発して船を狭狭波山《ささなみやま》（＝逢坂山）に引きこして
飾船を装いて　すなわち往きて近江の北の山（塩津）に
迎へしむ（欽明五七〇年）
河辺臣《かわべのおみ》を安芸国に遣はして　船を造らしむ　山に至り
て舶《つむ》（大船）の木をさがす（第三次遣隋使派遣）（推古六一四年）
大舶《おほつむ》と同船《もろきふね》と三《みつ》艘を賜う　同船は母慮紀舟《もろきふね》という
（皇極六四二年）
安芸国に遣わして　百済船二隻造らしめたまふ
（孝徳六五〇年）
阿部臣船師《ふないくさ》百八十艘を率いて　蝦夷を伐つ（斉明六五八年）
百済の為に　将に新羅を討たむと欲して　すなわち
駿河の国に勅して　船を造るらしむ（斉明六六〇年）
大将軍大錦阿曇比羅夫連等　船師百七十艘を率いて
（天智六六二年）
白村江の戦い（天智六六三年）
船二艘、独底船《どくていせん》十艘を大宰府に充つ（モロキフネのことか
元正七一九年）
唐人王元仲始めて飛舟《ひしょう》を造りて進る（元正七二一年）
使を近江、丹波、播磨、備中等の国に遣して　遣唐使
の為に舶四艘を造らしむ（聖武七三二年）

ができても、長さ四五メートルを取ることができる原木はこの時代でも存在しなかったはずである。かつて、まれにみる大木を伐って造った枯野の船でも長さは三〇メートルだったと記されている。これを超える長さ四五メートルの単材丸木舟は制作不可能であったことがわかる。

しかし、この時代、縦方向に丸木船を継いで延ばしていくという技術が確立していく。大阪市のイタチ川からこの縦継ぎ船がかつて出土している。古い調査であり、いつの時代に属するものか判然としないが、その形状から平安時代前期を下らないものと考えられる。丸木舟を縦方向に継ぎ足していくため、接合部に複雑な形状の加工をし、太い木栓で固定するというものである。船の大型化には丸木舟を縦に半裁し中央に別材を足して船幅を広げたほうが安定性の向上がはかれ機能が高まると考えられるが、日本の古代ではこのような船は見られない。日本では船の大型化に丸木舟の横幅を広げるという段階を踏むことはないと考えられ、大型船に横継船はなかったと考えられる。

つまり、この時代、大きな船を造るということは、縦に継いで延ばすということになり、大きな船はおのずとして長い船だったということになる。

天智天皇の大御船（琵琶湖版）のイメージ

幅二・八メートルの丸木舟を前後に三材継いで造った細長い三五メートル級の竪板型準構造船を想定してみた。前方に高さ二・五メートル、後方に二メートルの大型の竪板が取り付く竪板型準構造船である。舷側板は二段に組み、接合はモールを挟んで樹皮結束とした。ピポットに掛けた櫂が左右にそれぞれ一五本、合わせて三〇本、三〇人漕ぎの船とした。またこれとは別に舵の役目を果たす大型の櫂が二本つく。帆は無い。前後に隔壁で仕切られたデッキを設けた。これに貴人が乗船するための屋形を乗せた。

魚一巻きたりとも流したれば
塩津港遺跡の世界

琵琶湖の最も北に位置する塩津港は北陸方面との物流の積み替え港として、古代から鉄道が開通する近代まで、一〇〇〇年以上の長きにわたって栄えた港である。文献

A4 天智天皇の大御船イメージ復元模型

や記録などからその盛隆ぶりは推察できるのであるが、その具体的な姿はこれまで知るよしがなかった。

しかし、平成十八年（二〇〇六）から平成二十年（二〇〇八）にかけて塩津港遺跡で発掘調査が行われ、かつて塩津港の入り口に鎮座していた十一世紀から十二世紀にかけての神社が見つかった。約五〇メートル四方を溝で囲んだ神社で、入り口には大きな鳥居、内には拝殿、本殿などが建っていた。神社の正面入口である鳥居は南を向く。南は琵琶湖であり、正式には船で参拝に訪れる神社であったと考えられる。

この神社が人々の崇敬を集め、多くの人々が参拝に訪れていた様子は数多く出土した遺物からうかがえる。中でも、堀の中から見つかった「起請札」（A14）は起請文としては最も古く、また木札に書かれたものとしても初めての発見となる。書かれていた内容は、多くの神様の前で誓いを起て、もし破るようなことがあれば神罰を受けるというものである。そして、誓いを起てた内容が「魚一巻きたりとも流したれば…」など流通、つまり琵琶湖の水運業に深く係わるものであった。

水運にかかわる人々がこぞって参詣し起請した様子は、このような札が三〇〇点以上出土したことからもうかがえる。北陸方面との流通を担う重要港であった塩津港に建つ神社の平安時代後期の姿である。起請文に物流の保証をうたったものとも解釈される。当時の混沌としていた世の社会秩序を保つための役割の一面を神社が担っていたとうかがえる重要な資料である。他に「海運守護」と水難からの御加護を求める港の神社らしい札も見つかっている。

塩津の船

当時の船を具体的に知るには、資料は極めて乏しい状態である。古墳時代までは実物船の資料の出土が比較的多くあり、また船形埴輪や絵画資料などもあり、その実像が明らかになりつつあるのが、奈良時代以降は資料の乏しい空白期間となる。実物船の資料はなく、絵巻などに描かれたものはいずれも鎌倉時代以降に描かれたものとなる。あの遣唐使船も数百年のちに描かれたものが最も古いもので、描かれた時代の船を参考に描いた空想のものとなる。つまり遣唐使船ですら、どのような船であったか

塩津港遺跡で検出された神社と出土した船のイメージ復元図

まったくわかっていないというのが実情である。

塩津の船の項で扱う、十一世紀から十二世紀は中国では逆三角形の船の断面形状に組み上げた隔壁に外壁板を貼り込んだ「ジャンク船」、韓国は分厚い柱のような材を貫と釘で縫い止め、梁で支えた「韓国船」の時代である。しかし日本は「蒙古襲来絵詞」などの絵巻を見ると、どうもまだ準構造船に乗っているみたいである。艤装《ぎそう》は大きくなっているが下半部は丸く描かれ、全体のシルエットも細く、どう見ても準構造船である。

しかし中世の準構造船では古墳時代の船に見られた巧妙な船首形状はなくなっている。前後は丸太から削り上げたと考えられる部材を傾斜させて段差なく取り付けている。これもまた、奇妙な形状なのであるが、木組みだけではこのような接合はできず、絵巻物からは造船に船釘の使用が一般化していることがうかがえる。

海外に目をむかると、この絵巻にみられる日本の中世準構造船に類似した船が韓国の珍島《チンド》で出土している。推定復元長一八メートル、幅二・五メートルのクスノキ製の船で十三～十四世紀のものである。これは、日本から渡海した船かと思われたが、隔壁があることや中国南部の造船儀礼が見られることから、中国南部で造られた船のようである。この当時、東アジアの各地域それぞれが隔絶した技術で、それぞれ特徴のある船を造っていたのではなく、各種の需要からなる用途、生産性、コストなどから構造が多様化し、それぞれの特徴を持ちながらも、さまざまな船が造られていたのであろう。

塩津港遺跡からは二艘の船形模型（A13）が出土した。ひとつは精巧な模型で、もう一つは粗野な作りである。見た目はかなり違うが、基本的な形状や推定帆柱の位置などが共通し、二つは同じ船を表現していると考えられる。草津市の北萱《きたがや》遺跡からも同形状のもの（A17）が出土しており、平安時代末期の琵琶湖の船の姿と考えられる。

全体的な形状の特徴は、船首は短い距離で絞られ、船尾は角型となる。そして船底は平底である。船体の断面形状が平底、角型であり比較的幅広の船体であることなどから構造船を表現しているものと観察される。ここからはいち早く準構造船を脱却し構造船へと変化した琵琶湖の船の姿をうかがうことができる。そして出土した船形模型は塩津の神社に奉納されたものであり、つまり水運業者が奉納した琵琶湖運送船

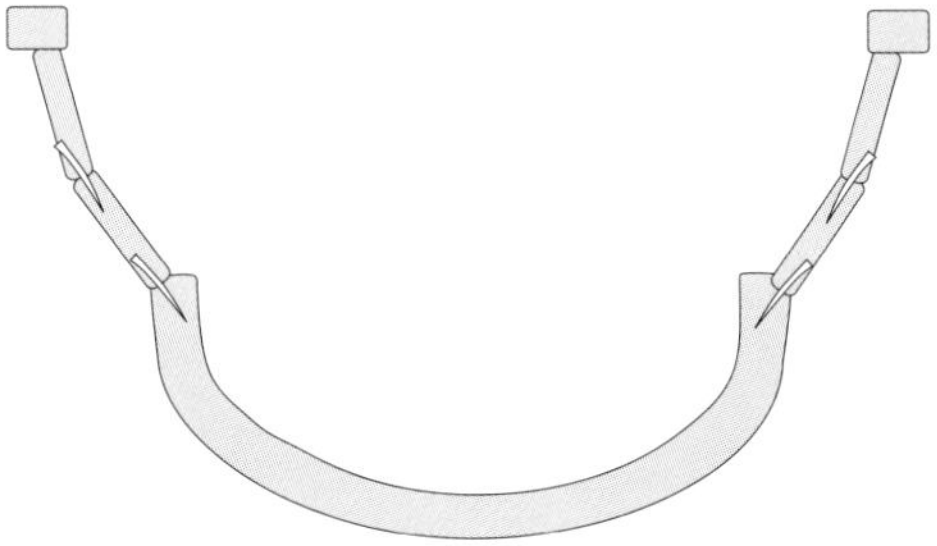

中世準構造船

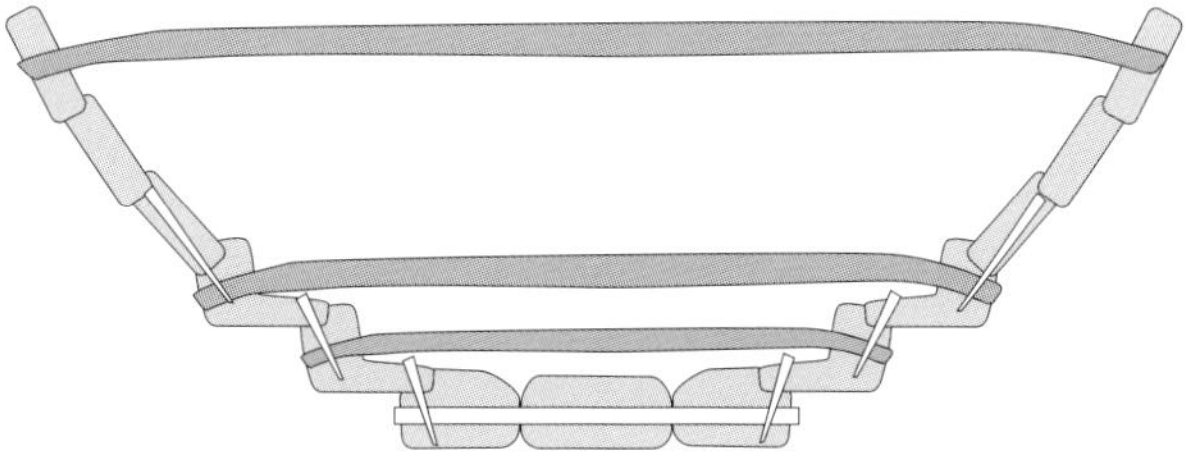

韓国船
十二東波島船（11 世紀～ 12 世紀）を参考に作図

だったとすることができる。後に琵琶湖水運の主役となる「丸子船」の原型が浮かび上がってくる。

塩津の船の復元イメージ

塩津港遺跡の船形模型が丸子船の祖型であるということを前提において復元を進める。まず注目するのは船首の形状と構造である。丸子船の船首はヘイタ造りというもので、短冊状の板を何枚も縫い合わせて、絞り込みと丸み付けを行った特殊な構造となっている。ちょうど結い桶を傾けて取り付けたようなもので、この構造は琵琶湖の船に見られる独特なものである。

一般的な和船は外板を湾曲させ応力を発生させて継ぎ合わせたモノコック様の構造で、先端の絞り込みも板の湾曲で形成されている。これに対してヘイタ造りは、応力を発生させず、「少しずつ傾けて繋ぎ合わせて、先端を丸く、細くする」というものである。準構造船からモノコック構造の和船へと移行していくなかで、その一つとして生まれた構造と想定できるものである。

ヘイタ造りはその構造上、外力に対しては弱い。このまま外洋に出て、先端部が水面に叩きつけられると、ヘイタの結束が破れ、破損しやすかったものと想像できるからである。ゆえに、外洋ほどの大波が発生しない琵琶湖で生まれた構造となる。ただ、ヘイタ造りに類似する「結い桶」は室町時代後期からの登場となるもので、ヘイタ造りもこれを大きく遡ることはないものと考えられる。

そこで今回は、準構造船から構造船への移行が船体の胴体部分から始まったものと考えてみた。板材を組み合わせて組み立てた平底の胴体に丸太から刳り出した船首を接合させたというものである。さらにヘイタへの移行を考え木取りは船首の傾斜角に合わせ、三材剥ぎ合わせとした。中央の材が幅広であるため、形状としては先端が丸く、ずんぐりとしたものになる。このまま剥ぎ合わせの材を増やし、先端の材を細くすれば、ヘイタ造りとなる。

先端の丸いずんぐりとした形状は古い絵図に描かれた丸子船に見られ、また牧野久美氏の指摘とも一致する。

模型1では前方の梁の中央に、2では船底に帆柱が取り付けられていたと考えられる切り欠きと穴がある。船体の中央より前方に付けられているがこれは古い絵巻に見られる傾向である。帆はムシロ帆で、水深の浅い所に対応して引き上げることのできる舵が付く。

塩津の船イメージ復元模型

信長の大船　耳目を驚かすばかり也

文明二年（一四七〇）、堅田衆はその二年前（応仁二年）に、いわゆる「堅田《かたた》大責《おおぜめ》」で幕府・延暦寺に攻められ失った堅田を取り戻すべく、兵船で攻め寄せ奪還している。それまでにも船による兵員の輸送などの記録はあるが、本格的な戦闘に琵琶湖の船が直接参加した様子が見られるのはこの記録が初めてとなる。ただこのときの船は輸送や漁撈に使用していたものを徴用したものと考えられる。

琵琶湖に初めて軍用船つまり「軍艦」を浮かべたのは信長のようである。元亀三年（一五七二）浅井氏攻撃のおり、打下《うちおろし》（高島市）や堅田の諸将に命じて「囲《かこ》い舟《ぶね》」を造らせている。敵地であった海津浦・塩津浦・与語の湖岸に漕ぎ寄せて焼き払い、火矢・大筒・鉄砲を積み込み竹生島を攻撃している。

この囲い舟とは、楯などで囲んだ軍船なのであろう。後の長島の合戦のおり、九鬼氏は安宅船《あたけぶね》を、林秀貞は囲い舟を造り、それに加えて、浦々の船を徴用したと書かれているので、ここでの囲い舟とは、改造船ではなく軍事用に新調した船と考えられる。具体的な形や規模はわかっていないが、漕ぎ手や、乗り降りのことを考えると、楯は取り外しできたとか、安宅《あたけ》船よりもずっと小さく二〇名ぐらいが乗り込めた軽快な船ではないかなど、いろいろと想像できる。

そして元亀四年（一五七三）五月二十二日、信長は琵琶湖で大船の建造を命じる。仕様は「長さ三十間（約五四メートル）、幅七間（約一三メートル）、艪百挺、前と後ろに櫓《やぐら》、堅牢であること」とある。国中の鍛冶屋・大工・製材業者を招集し棟梁に任命されたのは後に安土城を築くことになる岡部又右衛門である。又右衛門は彦根の松原内湖でこの船を建造し同年の七月三日に完成させている。わずか四〇日ほどでこれまでにない大船を作り上げ、竣工三日後の七月六日には阪本に布陣する。安土に城を築く前のことである。

琵琶湖に浮かんだこの大船は、湖岸のみならず、琵琶湖を遠望するところからも見ることができた巨大な物体であったはずである。人々を驚愕させ、信長の存在を否応なく知らしめる圧倒的巨大オブジェ、つまり「浮かぶ城」、これこそが信長が望んでいた大船である。

そして、竣工三日後の七月六日、挙兵した将軍義昭に対するため、信長はこの船に

A20 信長の大船イメージ復元模型

乗って坂本に布陣する。さらに同年七月二十六日には浅井・朝倉勢に対し高島方面へ大船で出陣し、船を敵地に寄せて攻撃する。そして朝倉・浅井両氏はこの年の八月に滅びることとなる。

その後、信長は何度か坂本・常楽寺・佐和山の行き来に船を使用しているが、このときの船は早舟である。船足の遅い大船は交通機関としてはうまく機能しなかった様子がうかがえる。

天正四年（一五七六）安土城の築造が開始され、大船は威圧的モニュメントとしての役割を終わらせたのであろう、信長は大船の解体を命じその材で早舟を一〇艘造らせている。

信長の大船復元イメージ

大船の仕様を見せられ岡部又右衛門は苦悩したことであろう。のちに毛利水軍に対するため九鬼氏が造船を命じられた「大船」は安宅船を基本としたものと考えられ、その製作には二年近くもかかっている。又右衛門はおそらく建物の大工。少なくとも船大工ではなかったはずである。いかに優秀な又右衛門とはいえ、与えられた短い工期の間に和船の技術を習得し、設計図を引き、船大工たちを取りまとめ、これ

A20 信長の大船イメージ復元模型

までにはなかった大型船を作り上げたとは到底考えられない。

　通常、和船は骨組みを持たず板だけで構成される。板を曲げて応力を発生させながら組み立てることによって強度を生み出したモノコック様の構造である。船独特のカーブは真っすぐな部材を無理に曲げて造り出したものである。

　これに対して建築は柱や梁などの部材を垂直と水平方向に組み上げて造ったフレーム構造で、これに屋根や壁などを付けたものとなる。同じ大工とはいえ、その構造や技術は大きく異なったものである。

　信長が要求しているのは「浮かぶ城」であって機動力や戦闘力を多く期待しているのではないはずである。苦悩した又右衛門が考えついたのは建築技術の応用で造れる船だったはずである。問題となる工期の短さには、部材を規格化しユニット化することによって対応し、まるでプレハブ建物のように一気に組み立てることを考えたのではないだろうか。

　又右衛門が設計した大船の部材は「各所に大量発注した部材が問題なく組み上がる」ものであるはずで、つまり同じ形状の部材を一〇〇本、二〇〇本と各所に注文し、組み立てることのできる構造となる。そこには厳格な規格を成立させるために直線が基軸として存在したはずである。加えて、造船場所となった松原内湖は水深が浅く、船は一メートル以内の喫水でなければならない。おのずと、船底は平底となり、当時の代表的な大型軍船「安宅船」とはまったく異なる船の姿が浮かび上がってくる。直線的で平底なフォルム、つまり、薄い箱の上を楯で囲った四角い物体に櫓が二つ載っかったような船だったのではなかろうかと、イメージしてみた。

　ただ、四角いそっけない物体では信長は満足できないはずである。九鬼の大船でも安土城でも、人々に自慢げに見せびらかせている。琵琶湖の大船もまた又右衛門得意の立派な櫓が天を貫き、多くの幟・旗差し物・幔幕で飾り立てられたことであろう。

丸子船

用田政晴

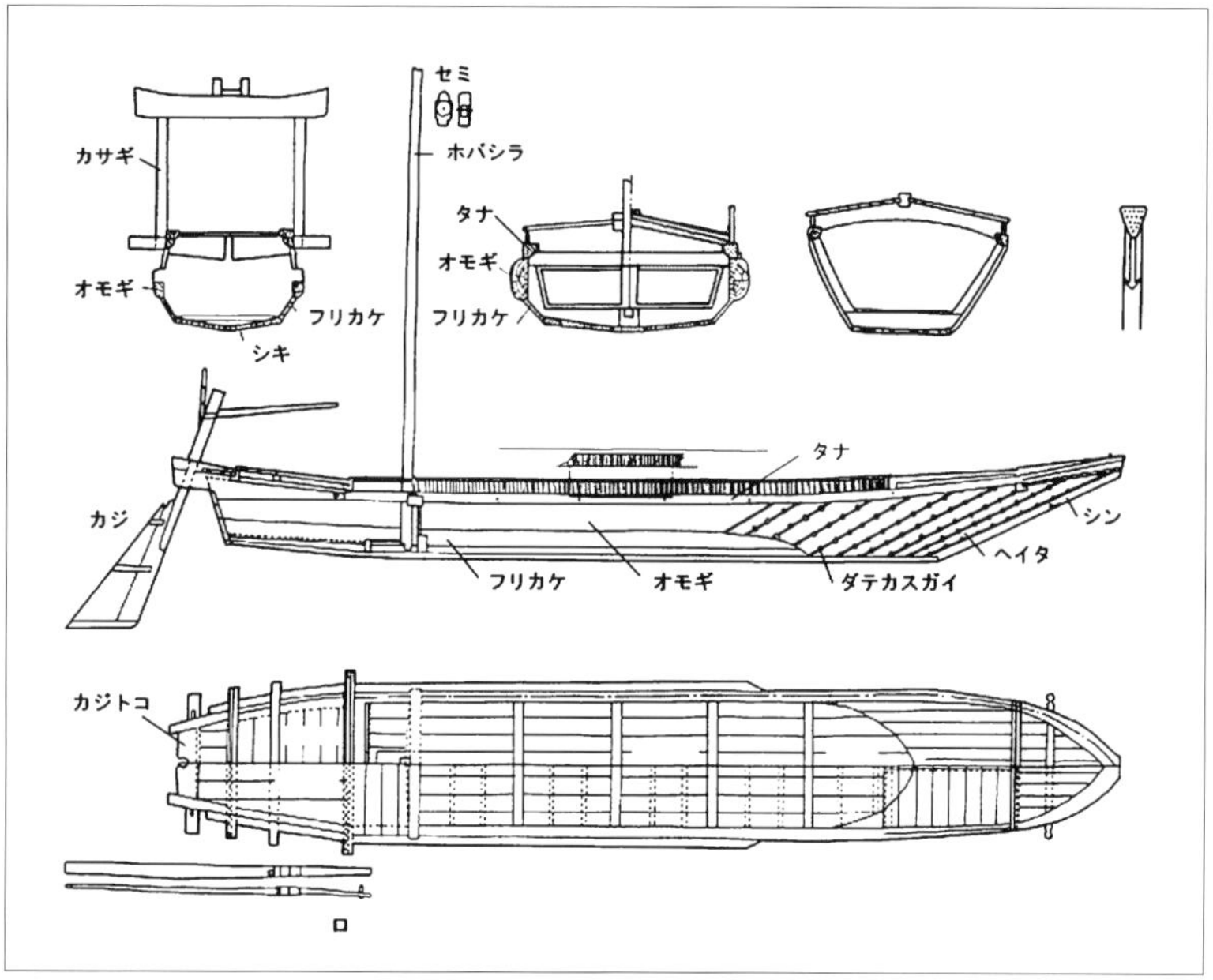

戦前の丸子船一般構造図と名称

かつての船大工は、設計図面は描かずに現物から寸法をとって作り、注文も「○○俵積みの船」であったという。そんな船大工に無理やり描いてもらった丸子船の構造図面である。実際の船の平面形は、船の中ほどから船尾にかけてもう少し幅が狭くスマートである。

丸子船とは

丸子船は、遅くとも近世はじめから戦前までの琵琶湖輸送の主役であり、独特の構造を備えた帆走木造船である。ただ、物や人を運んだだけではなく、漁にも使われていたし、エンジンを搭載した丸子船は、戦後になってもわずかではあるが建造された。

舷側に杉の丸太を半裁して取り付けたオモギ（重木・面木）は、丸子船の最大の構造的特徴で、加敷を斜めに取り付ける敷板構造のフリカケ（振掛）も丸子船を特徴づけるもので、その船の断面を丸く仕上げる重要な要素となる。さらには、舳先の斜めに板を接ぎ合わせたヘイタ（舳板）やそれを飾るダテカスガイ（伊達鎹）なども琵琶湖の伝統的な木造船にほぼ共通するものである。

また、外洋をゆく江戸時代の弁才船などに比べて規模は小さいが、平面形は幅が細く長い印象を持つ。ただ、浮力のない淡水

琵琶湖最後の丸子船

昭和23年（1948）12月に、堅田の杢兵衛造船所で建造された百石積み丸子船。もとは草津で米や肥えを運んでいたが、昭和30年代になって旧所有者の手にわたり、2代目金龍丸として平成13年（2001）まで材木運搬などに使われる。平成2年（1996）、長浜市旧湖北町で撮影。

での使用と遠浅湖底の多い琵琶湖での利用のためか喫水は極めて浅い。

一般には、シキ（敷）はオモギと同様に杉、フリカケとヘイタは槙、船縁のタナ（棚）やホバシラ（帆柱）は檜、艫のカジトコ（舵床）は欅、カジ（舵）は樫を使うなど、原材料の種類を使い分ける。帆柱は基本的に一本で、江戸時代末には帆布として木綿を使用していたようであり、戦前のいくつかの実物を見ても木綿平織りの「松右衛門」と呼ばれるものである。

呼称と規模

杉立繁雄氏や杉江進氏によると、江戸時代には丸船と呼ばれることが多く、彦根藩領のもののみ丸子船と呼ばれていたようである。そして、およそ大正時代までは丸船が一般的で、その後、丸子船として知られるようになっていった。なお、丸太船とも言われることがあるが、その例は多くない。

江戸時代前期から中期にかけて、一三〇〇隻以上の船が湖上で知られており、五〇〇石積みのものも知られているが、多くは四〇〇石積み以下であった。

戦前には六〇石積み以上のものを大丸子、それ以下のものを小丸子とも呼んだ。なお、江戸時代中ごろには一五〇石から一八〇石積みのものが廻船の中心であったが、戦前になると一〇〇石積みのものが最も標準的なものだったようである。

滋賀県立琵琶湖博物館での丸子船展示計画が本格化した平成二年（一九九〇）当時、丸子船の実際の存在が知られていた長浜市（旧西浅井町）菅浦の道沿い、同じく菅浦の奥出湾、大浦の役場前広場、長浜市（旧湖北町）尾上の余呉川河口に浮かんだ丸子船四隻は、すべて百石積みで、全長も一七メートル余りであった。唯一、大津市（旧志賀町）北小松の漁港に半分沈みかけていた船は、漁に使われていたもので、全長は一二メートル程度であった。

出現

和船研究者石井謙治氏によると、「丸子船がいつ頃出現したのかというと、これが全くの史料不足で明らかにすることができない」というが、民俗学者であり歴史学者でもある河野通明氏は、丸子船に特徴的な「ヘイタ方式」は、織田信長による戦略であった琵琶湖での大船建造において、突如生み出された構造であるという。つまり、戦国末期の京の足利義昭と岐阜の信長との間の緊張した政治情勢の中で、琵琶湖の造船技術をベースに生み出された構造船であり、準構造船の時代に、刳船《くりぶね》の五倍という幅広の規模を、桶を並べて鎹《かすがい》で接ぎ合わせたような「ヘイタ方式」を考案することによって実現したもので、今も残るダテカスガイはその鎹の名残であるという。河野氏はさらに、江戸時代の挿絵師たちは、こうした琵琶湖の船と伊勢湾などの船のヘイタ構造を描き分けている例を紹介して、自説を補強する。

用田はかねてより、琵琶湖という淡水は海に比べて浮力が二割も違うという船大工・松井三四郎の言葉に学び、遠浅の湖底が多い琵琶湖の南湖や北湖東岸の地形も考え合わせた時、喫水が浅く浮力が稼げる丸い断面と厚い板やオモギが安定度を増し、さらに淡水ゆえに波を蹴りやすい斜めのシン(真・芯)を持つヘイタ構造が、琵琶湖という自然環境の中で醸成されたものと考えている。

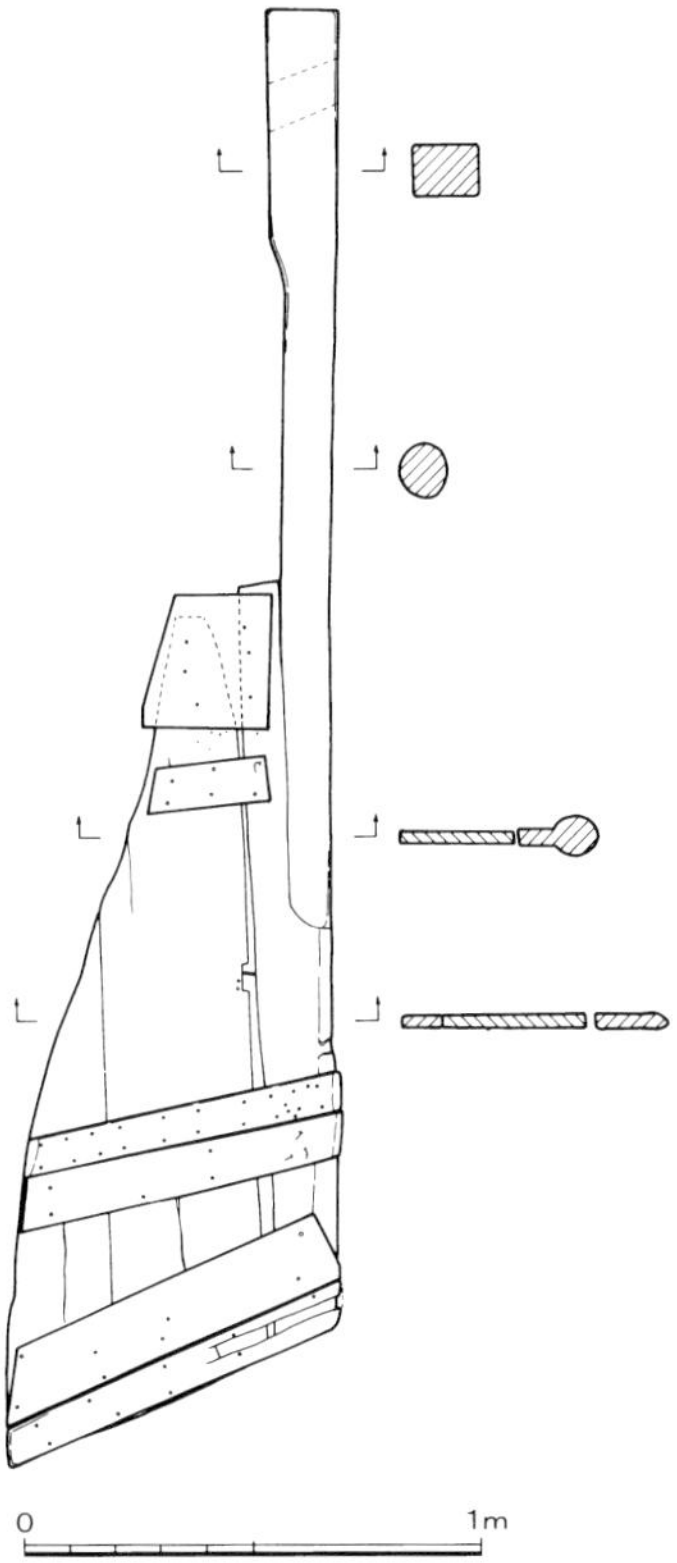

A21 琵琶湖最後の丸子船のカジ
2代目金龍丸で補修しながら長く使っていたカジ(舵)。扱いやすさを求めて、長さは短く、幅も狭く作ったという。全長 3.17 m、重さ 39.8kg。

復元と公開

戦後初めて復元した丸子船は、滋賀県立琵琶湖博物館「人と琵琶湖の歴史」展示室最大の資料として部屋の中央に配置され、琵琶湖の歴史と民俗を語る象徴となっている。この製作と搬入は、平成四年(一九九二)から三ヶ年計画で行った。実に五十年ぶりの丸子船新造計画であった。

製作は、琵琶湖沿岸の船大工により行い、後の補修や管理を考えるとできるだけ博物館近くの業者が適当であると考えた。また、こうした伝統的木造船製作技術の保存を考えた時、できれば親子二代で船大工を営んでおり、かつその二代目は若い人であることが望まれる。そうすれば今後、二十年なり三十年はその製作技術が存続していく事になると考えた。

結局、大正二年(一九一三)生まれで当時七九歳ながら、現役で造船業を営んで大型船建造の施設も整っており、さらには戦前に丸子船を棟梁として建造した経験をもつ松井三四郎が見つかった。幸いなことにその息子も造船業を共に営んでおり、戦前から丸子船の船釘や大工道具を大事に保存していたことも判明した。

かつては、「間口三間半、奥行き六間の四面庇《しめんびさし》の母屋《おもや》普請」ほどの金がかかるといわれていた丸子船の復元は、平成六年(一九九四)まで引き続いて行われ、平成七年(一九九五)三月に、進水式・湖上航行・一般公開、そして搬入を経て翌年の開館・公開へと至ったのである。

蒸気船から現代船へ

福井智英

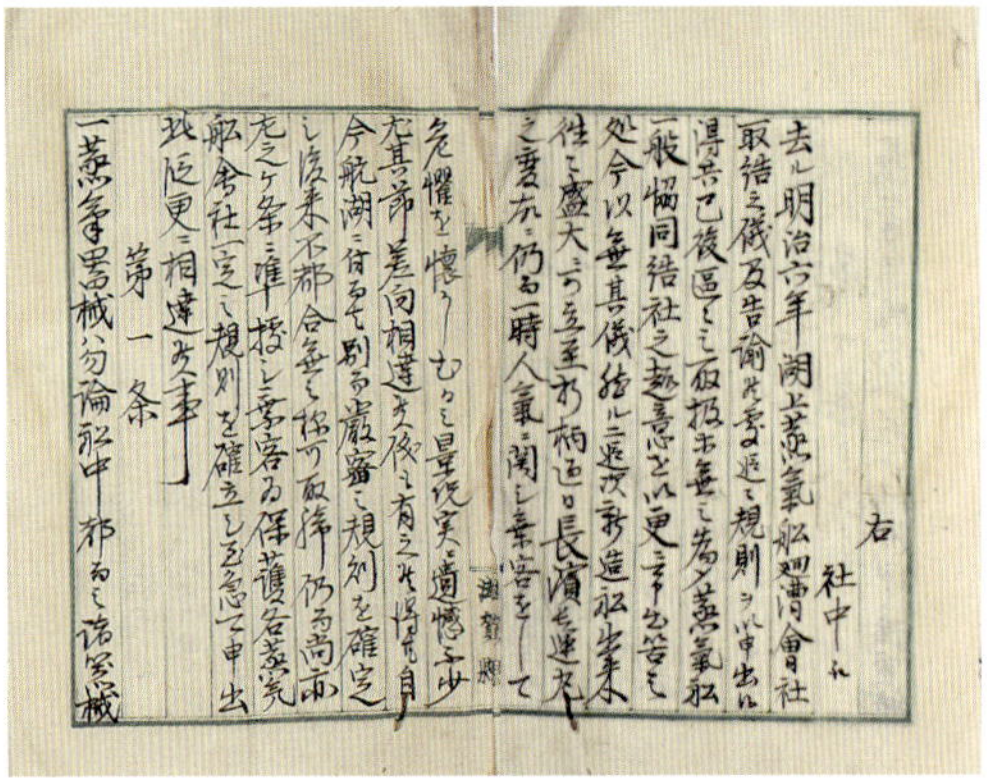

B9 湖上汽船規則通達書　滋賀大学経済学部附属史料館蔵（宮川庄三郎家文書）
明治七年（一八七四）十一月一日に起こった「長運丸」の沈没事故を受け、滋賀県令松田道之が、同年十二月七日に十三艘の汽船に宛てた船の安全運航に関する通達文。

蒸気船の登場

明治二年（一八六九）三月三日、琵琶湖で最初の蒸気船「一番丸」が就航した。黒い煙を吐きながら揚々《ようよう》と進むその姿に、湖国の人々は新時代の到来を実感したことであろう。これにより、木造和船「丸子船」が全盛であった琵琶湖の湖上交通の様相は一変した。

琵琶湖への蒸気船導入に力を尽くしたのは、加賀国大聖寺《だいしょうじ》藩士の石川嶂《いしかわたかし》である。石川は藩に対して、「天下の形勢《けいせい》日に非《あらざる》なり、我三藩北陸に雄據《ゆうきょ》す、一旦京師に警あるに際り勤皇の兵先駆を他に譲るべからず、今日豫《あらかじ》め湖上に汽船を浮かべ緩急《かんきゅう》に應ずべし」（『太湖汽船の五十年』）との建議を行ったが、藩当局が汽船について関知していなかったこともあり、承認されなかった。そのため、石川は大津百艘船《ひゃくそうせん》仲間の一庭啓二《いちばけいじ》と共に長崎へ赴き、オランダ人ポーゲルから造船技術や航海術等を習得し、鉄工職人や造船工を雇い入れて大津へ帰り、蒸気船の建造計画を進めた。そして、大聖寺藩の資金援助を得て、大津で「一番丸」を建造、大聖寺藩大津汽船局でこれを管理することとし、初代船長には一庭が任命されている。

本船は五トン・一二馬力の木造外輪船で、後部に六〇石の丸子船を曳《ひ》いて、大津～海津間を就航した。時速七・四キロメートルで走るスピードと、多量の貨客（上等客を汽船に、下等客および貨物を丸子船に積んだ）をものともしないその馬力は、当時の耳目を集めたという。その評判は上々で、大津汽船局は第二の蒸気船建造を計画、同じ年の十月に姉妹船「二番丸」（一四トン・一四馬力）を就航させた。

蒸気船の時代へ

蒸気船の登場は、琵琶湖沿岸の和船問屋

表1　明治初期の蒸気船一覧　『長浜市史』より

船名	製造年月日	製造場所	馬力	航路	船主
一番丸	明治2年(1869)3月	大津	12	大津～海津	大聖寺藩大津汽船局
二番丸	明治2年(1869)10月	大津	14	大津～海津	大聖寺藩大津汽船局 →第一琵琶湖汽船会社
金亀丸	明治3年(1870)12月	彦根	15(10)	米原～大津	米原　宮川庄三郎
湖上丸	明治4年(1871)2月	海津	15(10)	大津～塩津	海津　磯野源一郎
成程丸 (盛大丸)	明治5年(1872)2月	大阪より 買受	8	大津～大浦 今津	飯之浦　井上芳蔵 →大津　桜井清次郎
湖龍丸	明治5年(1872)3月	京都より 買受	8	長浜～大津	長浜　尾板六郎
渉湖丸	明治5年(1872)9月	大津	15	大津～塩津 飯之浦	大津　池田春苗
千齢丸 (無事丸)	明治5年(1872)	大津	10	米原～大津	八幡　竹山彦次郎 →宮川庄三郎
松宝丸 (蟠松丸)	明治5年(1872)9月	松原	10(11)	松原～大津	松原村湖上会社 彦根　高田文次郎
琵琶湖丸	明治6年(1873)4月	大津	6	飯之浦～大津	飯之浦　内貫源右衛門
長運丸	明治6年(1873)4月	長浜	8	長浜～大津	長浜　尾板六郎
小鷹丸	明治7年(1874)2月	飯之浦	10	常楽寺～大津	船木　第三船会社
陽春丸	明治7年(1874)2月	飯之浦	7	飯之浦～大津	飯之浦　内貫藤次郎
浪花丸	明治7年(1874)6月	船木	6	塩津～飯之浦 大津	船木　第三船会社
満芽丸	明治7年(1874)9月	大津	4	大津～飯之浦 塩津 船木 大溝	五別所　木村忠次郎

や漁業者等から大きな反発を受けた。竹を湖中に立てる者、あるいは網を湖底に張って汽船の運航を妨害する者、あるいは造船所に放火する者まであったという。しかし、明治四年（一八七一）に大津百艘船仲間をはじめとする旧来の湖上運輸制度が解体され、かつ滋賀県も汽船運航を推奨するようになると、大津だけでなく、彦根・海津・松原・長浜・飯之浦《はんのうら》などの各港でも次々に汽船が建造され、琵琶湖は汽船の時代へと移り変わっていくのである（表1）。

明治七年（一八七四）九月までに湖上へ就航した汽船は一五艘であり、そのほとんどが滋賀県内で建造されており、県内の汽船会社および個人によって所有されている。

こうしたなか、長浜では明治四年（一八七一）十一月に小船《こぶな》町の尾板六郎《おいたろくろう》が蒸気船を購入している。翌年からこの船は「湖《こ》龍丸《りゅうまる》」として、大津～長浜間を就航した。「湖龍丸」は長さ四八尺（約一四・五メートル）、幅一〇尺（約三メートル）、馬力は八馬力で、積高は一一トン、速度は時速三里半（約一三・七キロメートル）であった。この後、明治六年（一八七三）には「長運《ちょううん》丸」が、明治十一年（一八七八）には「湖東《ことう》丸」が長浜所属の汽船として就航している。

汽船新造金請取状
長浜市長浜城歴史博物館蔵
（中村ヨシ氏寄贈資料）

明治７年（1874）９月30日

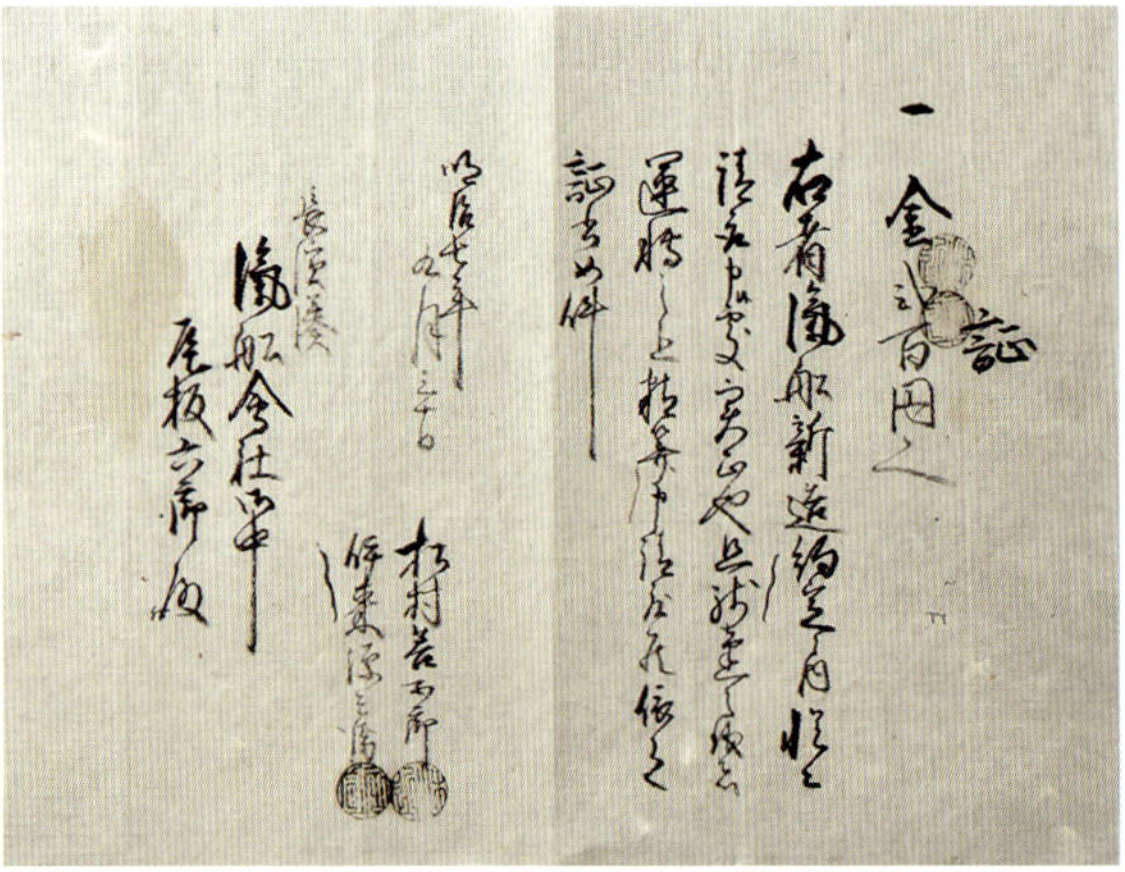

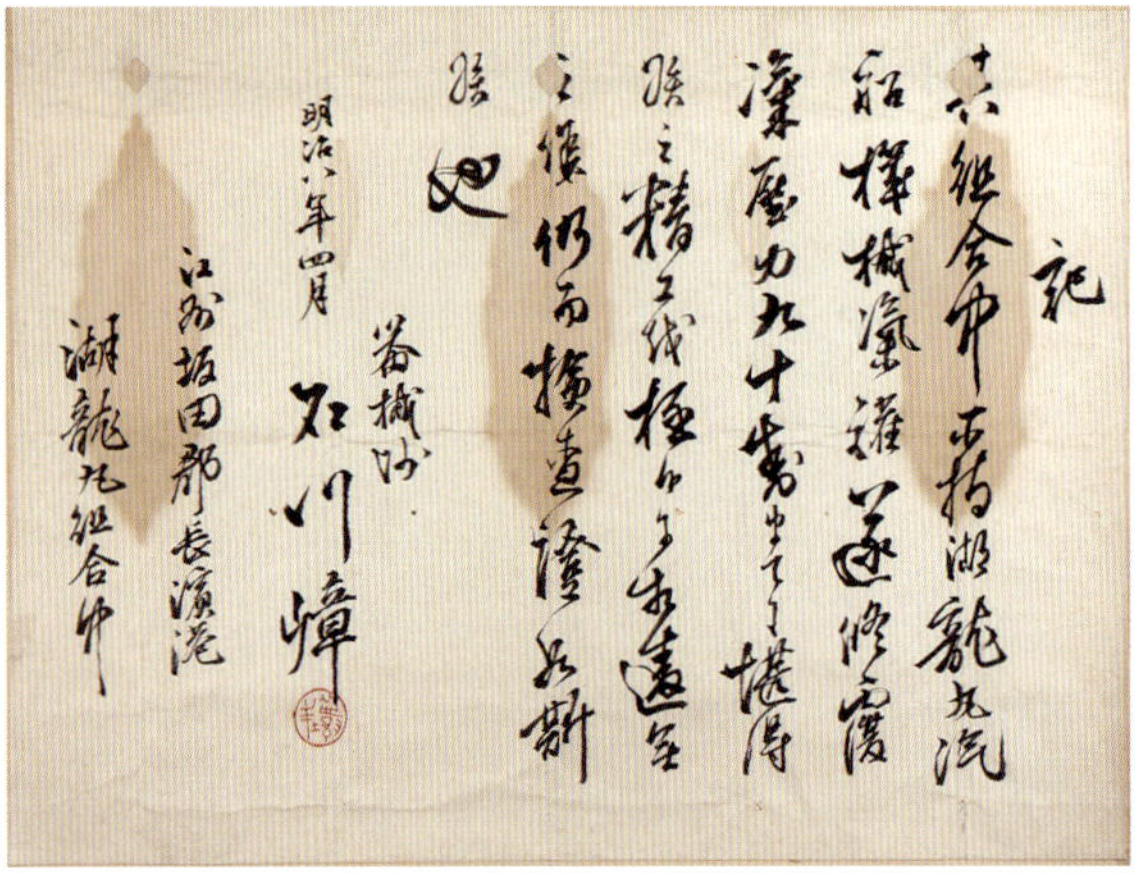

B10 湖龍丸検査証　明治８年４月

長浜市長浜城歴史博物館蔵（中村ヨシ氏寄贈資料）

明治８年（1875）４月、各蒸気船の検査が一斉に実施された。本資料は器械師の石川嶂が発行した長浜所属・湖龍丸の検査証である。なお石川嶂は、琵琶湖最初の汽船「一番丸」の建造に携わった人物である。

しかし、こうした汽船の増加は、やがて貨客の激しい争奪やスピード競争、過重積載などの弊害を生むようになる。その結果、速力の出し過ぎや乱暴運転による事故が続発し、多くの犠牲者を出すこととなった。明治七年（一八七四）十一月一日、「長運丸」が唐崎沖を航行中に、汽罐《きかん》（＝ボイラー）が破裂して沈没、乗客十数名が亡くなっている。これが汽船による初めての事故であった。続く明治八年（一八七五）二月二十四日にも、大津所属の「満芽丸」が過重積載のため、小松沖（滋賀町）で転覆し、乗客四七名が犠牲となる痛ましい事故を起こしている。

こうした事態を重く見た滋賀県は、明治八年（一八七五）七月、兵庫製作所の外国人技師を招いて検査にあたる一方で、航行の注意や諸器械の点検・修理等に関する汽船取締規則を通達した。また、翌明治九年（一八七六）三月二十日には、湖上汽船の検査や運航を管理するため、大津湊町に「汽船取締会所」を設立し、その支局を飯之浦・長浜・米原など七ヶ所に置いている。同日施行の会所規則には、各汽船会社から頭取一名と副頭取二名を会所に送り勤務させること、乗船切符の製造と販売は会所が行うこと、乗客は一トンに付き八人に限る

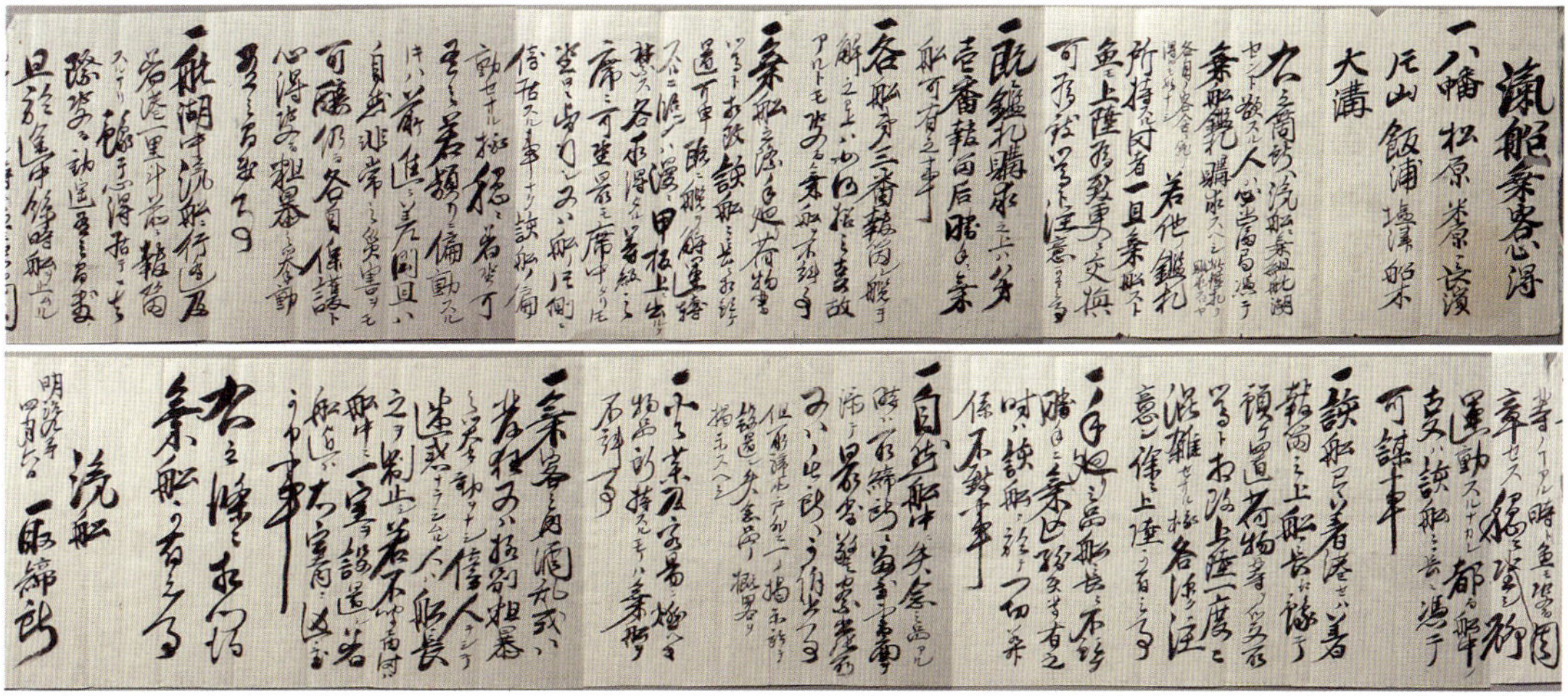

B11 汽船乗客心得

長浜市長浜城歴史博物館蔵（中村ヨシ氏寄贈資料）
明治９年（1876）４月６日に汽船取締所から出された汽船乗客の心得。全十ヶ条からなる。

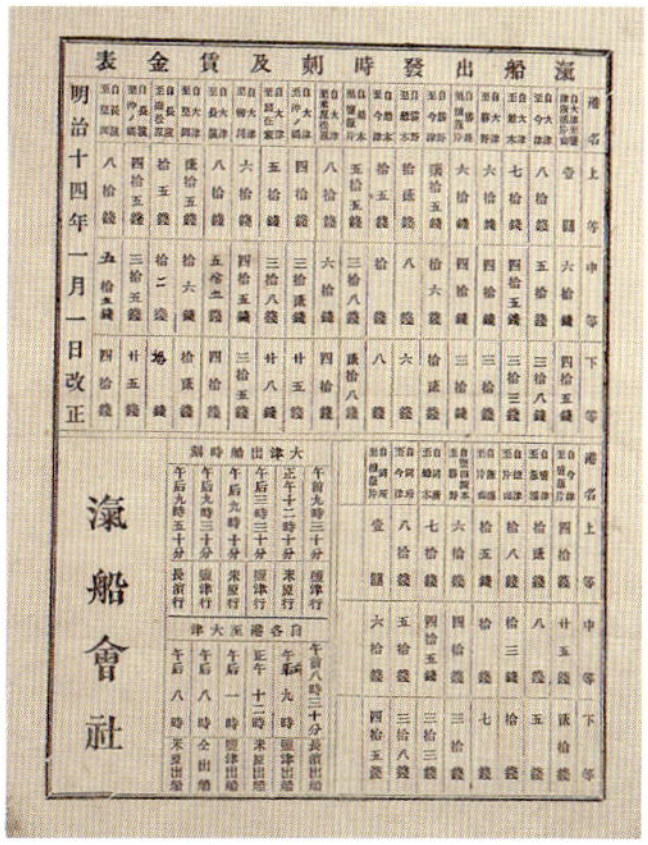

汽船出発時刻及賃金表

長浜市長浜城歴史博物館蔵
（中村ヨシ氏寄贈資料）
明治14年（1881）１月１日改正の運賃と時刻表。大津から湖北方面へ向かう汽船が一日六便出航していたことがわかる。

こと、さらに報笛およびマスト点灯の規定、乗客・荷物の扱いなど、細かな内容が定められている。その後も早船に関する規則や夜間航行時に舷灯《げんとう》を灯すことなどの規則が追加され、汽船の安全運航がはかられた。

明治九年（一八七六）四月六日付の「汽船乗客心得」（長浜市長浜城歴史博物館蔵　中村ヨシ資料）は、この汽船取締会所が設立された後、いちはやく出されたものと考えられる。全十ヶ条からなる条文には、乗船鑑札《かんさつ》（乗船券）購入者は、第一番報笛後に乗船すること、手廻り荷物は「該船の長」に預けること、出航の時はみだりに甲板上にあがらないこと、航行中に船中を歩き回ったり船の片側に寄らないこと、航行中に別の汽船とすれちがったり、目的港の一里手前になれば報笛するので驚かないこと、火薬や可燃性の物品は所持しないことなど、多くの規定が示されている。

さて、造船技術の発達と共に汽船の大型化が生じる。明治十年（一八七七）二月には、大津で湖上第一の大型船「江州丸」（木造六四トン）が新造、またこれと前後して「湖幸丸」（木造四三トン）が新造されると、汽船会社の競合はますます激しくなっていった。特に鉄道敷設《ふせつ》に関連して、鉄道局

B53 盃　以呂波丸
物流博物館蔵（中島静信氏旧蔵資料）
塩津の運送店に伝わる盃。「以呂波丸」は太湖汽船会社所属の蒸気船「第四江州丸」の旧名。盃の内側には「蒸気船」の文字も見える。

が明治十二年（一八七九）に「長浜丸」（木造一一四トン）を建造し、大津〜長浜間を就航したことが、さらに拍車をかける結果となった。

鉄道連絡船の登場

　こうした汽船運航競争のさなかの明治十三年（一八八〇）七月、大津〜京都間の鉄道が開通する。これに伴い長浜〜大津間の鉄道連絡船問題が起こり、営業をめぐる争いなど再び激烈な競争をみたのである。滋賀県はそうした動きを収拾すべく、大津汽船会社と彦根の江州丸《ごうしゅうまる》会社を統合し、大阪の藤田組を参加させて新会社「太湖《たいこ》汽船会社」を設立。明治十五年（一八八二）五月一日、鉄道の開通から二ヶ月遅れてのことであった。設立時には金龍丸・游龍丸・庚辰丸など一八艘の蒸気船を所有、その営業航路は、主要となる大津・松原・米原・長浜を巡る東部航路の他に、大津・堅田・勝野・船木・今津・片山・塩津の西部航路、大津・八幡・能登川・常楽寺・長命寺の中部航路、長浜・今津と松原・長浜・片山・塩津の北部航路が設定されていた（表2）。

　また、翌明治十六年（一八八三）九月には、わが国最初の湖上鋼鉄船「第一太湖丸（五一六トン）」・「第二太湖丸（四九八トン）」が定期航路に就航した。さらに、明治十七年（一八八四）五月十五日には長浜〜敦賀間、長浜〜大垣間の鉄道全線開通に合わせて、神戸・三宮・大阪・敦賀・金ヶ崎・柳ヶ瀬・関ヶ原・大垣で湖上汽船との連絡切符が発売されて、日本で最初の鉄道連絡船が営業を開始した。

　続いて、明治十九年（一八八六）には、紺屋関汽船と山田汽船が合併して、「湖南汽船会社」が設立され、堅田以南を営業区域とした。以後、琵琶湖の湖上交通は、太湖汽船会社と湖南汽船会社の二大会社によって統一されていく。

観光船の時代へ

　しかし、明治二十二年（一八八九）七月に東海道線が全線開通すると、物資の輸送ルートとしての琵琶湖水運の地位は、格段に低下することになる。とくに北陸方面からの貨客輸送に営業の重点をおいていた太湖汽船のうけた打撃は大きく、鉄道連絡船の廃止や、湖東・湖北航路の大幅な減少を余儀なくされた。活躍の舞台を失った蒸気船は、琵琶湖の素晴らしい風光を最大限に活かすべく、両汽船会社では新時代に向けての湖上汽船の模索が始まった。

湖南汽船は、いち早く貨客輸送から湖上

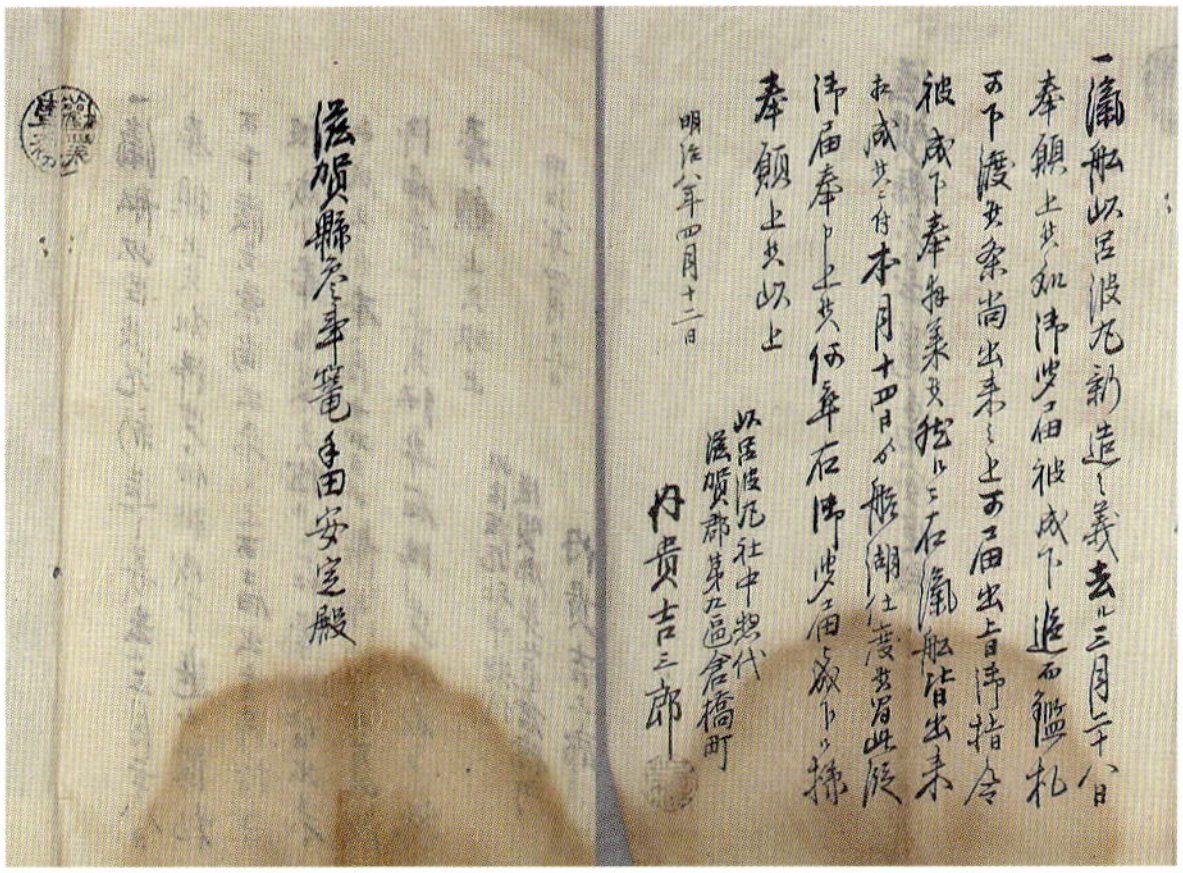

B54 汽船以呂波丸皆出来御届
片山源五郎家文書
明治８年（1875）４月12日に滋賀県令篭手田安定に出された届書。汽船「以呂波丸」が新造されたので、営業鑑札の発行及び船の運航について届け出ている。

遊覧に営業の主力を移し、明治二十七年（一八九四）から石山や坂本への湖上遊覧船の営業に乗り出す。これが琵琶湖における遊覧船の始まりとなった。さらに明治三十六年（一九〇三）には、大阪で開かれた第五回内国勧業博覧会にあわせて「近江八景めぐり遊覧船」を運航させ、観光客の誘致に成功した。また、明治末以降も鉄道院や京津電気軌道会社と連携して観光客の誘致宣伝を行い、遊覧船もつぎつぎに新造していった。

　こうした湖南汽船の成功をみた太湖汽船も、湖上遊覧営業に本腰を入れはじめ、明治四十年（一九〇七）以降、遊覧貸し切り専用船「八景丸」や「多景島丸」「沖ノ島丸」などを建造して、おもに湖北方面への観光客誘致につとめた。また、大正三年（一九一四）からは、日曜・祝日にかぎって竹生島や長命寺への定期遊覧船を開始している。これが「竹生島めぐり」遊覧の始まりである。

　こうした動きのなかで、県内の名所旧跡を取り上げた絵はがきや版画などが作られたほか、「水泳はびわ湖へ」あるいは「湖国は船にのって」などのポスターが人びとの旅情を誘い、いっそう多くの観光客が琵琶湖を訪れるようになった。

表２　太湖汽船会社設立時（明治15年５月１日）の蒸気船
『太湖汽船の五十年』より

	蒸気船名	登録トン
1	金龍丸	92
2	游龍丸	58
3	庚辰丸	90
4	第二庚辰丸	98
5	長濱丸	141
6	江州丸	64
7	第二江州丸	96
8	第三江州丸	94
9	第四江州丸（元以呂波丸）	40
10	第五江州丸	38
11	湖上丸	45
12	湖幸丸	37
13	湖東丸	28
14	松宝丸	54
15	丹頂丸	33
16	盛大丸	
17	琵琶湖丸	
18	金亀丸	36

A15 5体の神像 塩津港遺跡出土 滋賀県教育委員会提供

神社の本殿の北側の堀から出土した平安時代後期の神像である。男神像２体、女神像３体で、高さ10 ～ 15㎝の木製である。残りの良い衣冠束帯の男神像と長い髪を左右に振り分けた女神像が１対と思われる。

塩津港遺跡　神社跡復元イラスト　横田洋三画

神社は琵琶湖を正面にして、船で参拝する神社であった。

塩津港遺跡　上空から調査地を望む　滋賀県教育委員会提供

塩津湊は琵琶湖の最北端にある。敦賀までは約 20㎞で、琵琶湖と日本海を結ぶ最短距離であった。

遺跡は大川の中州に立地している。

塩津港遺跡　調査地全景　滋賀県教育委員会提供

大川の改修工事に伴い発見された平安時代後期の神社遺構で、第１神社、第２神社から成り、それぞれ約50m四方の堀で区画される。神社は琵琶湖正面に向け本殿、拝殿、井戸、鳥居、堀などが見つかっている。

塩津港遺跡　本殿跡　滋賀県教育委員会提供

約７m 四方の石組の区画内に 2.6m × 1.9m の小区画がある。外側の区画は本殿を取り巻く玉垣状の敷石で、内部に奉殿小区画の敷石が据えられていた。

A14 起請文木簡　塩津港遺跡出土　滋賀県教育委員会提供

約300点の木札のうち、完形品に近いおもな起請札11点である。最大長は2.2mもあり、長文の起請文は段落を区切って記載されている。ほとんど墨が消え浮き文字になっている。米や魚などの荷物を盗まれないことを神仏に誓っている。

塩津港遺跡から見る湊の繁栄

濱　修

はじめに

琵琶湖は古くから日本最大の交通の動脈であり、古代から中世では東国や北陸と京都・奈良などの畿内を結ぶ重要な交通路であった。琵琶湖には八十湊と呼ばれるように多くの湊が発達してきた。その中でも琵琶湖の最北端に位置する塩津湊は、塩津と日本海側の敦賀を結ぶ塩津海道が五里半街道とも呼ばれるように、琵琶湖から日本海に抜ける最短距離に位置している。塩津湊は湖上交通の北の拠点として重要な位置を占めてきた。

文献史料にも古くから塩津の地名が記されている。『万葉集』巻三の三六五号の笠《かさの》朝臣《あそみ》金村《かなむら》や巻九の一七三四号の歌には琵琶湖を船で塩津まで行き、塩津から峠を越えて敦賀に向かった様子が詠われている。平安時代には紫式部が越前国守の父に同行した際に、同じく船で塩津に着き、そこから深坂峠を越え北陸に向かった歌が詠まれている。天平宝字八年（七六四）に藤原仲麻呂の乱の際に仲麻呂は船で塩津に渡り、陸路北陸に逃亡を図ろうとしている。塩津は経済的にも重要な物流の拠点で、平安時代の『延喜式』には貢納物運搬に関する敦賀から塩津までの駄賃と塩津から大津までの船賃の規定があり、若狭を除く北陸六国の物資はすべて塩津湊を経由していたことがわかる。

塩津港遺跡の調査

塩津港遺跡では平成十八〜二十年にかけての発掘調査で平安時代後半の神社遺構が見つかった。古代の地方での神社遺構の発見は全国で初めてである。約五〇メートル四方の堀で区画された神殿域が二区画あり、一つの区画内から神社跡とそこで行われていた祭祀の全容がほぼ明らかになってきた。遺構は本殿の敷石や柱穴、拝殿、神

長浜市西浅井町塩津濱附近空撮　滋賀県教育委員会提供
塩津港遺跡がある塩津浜は、琵琶湖の最北部に当る。下の湖面が琵琶湖北端、その湖岸の集落が塩津浜である。

塩津港遺跡出土　S17 木札出土状況
滋賀県教育委員会提供
11 世紀末～ 12 世紀初頭とみられる溝から出土した木札。ほとんど文字は判読できない。

泉、鳥居の柱、堀などである。堀などからは神社で行われた祭祀に伴うさまざまな遺物が出土している。神社本体の建築部材（A16）、五体の神像（A15）、神主が用いる幣串、円座、注連縄や祭礼の饗宴に用いた漆器椀、大量の箸、破壊された無数の土師器皿、松明の燃えカスなど多様な祭祀遺物などが出土している。最も重要な出土品として主に神社正面の堀から三百点余りの木簡（A14）がある。この木簡のほとんどには起請文が記載されている。木札の起請文は全国初めての出土であり、さらに、記載された年紀は紙に記された起請文より一一年も古い最古の起請文である。

　起請札は平安時代後期の保延三年（一一三七）から建久二年（一一九一）の五四年間の年紀が記されている。この時期は保元の乱・平治の乱を含む平氏の盛衰の時期と一致している。古代の律令体制の崩壊が進むなか貴族の政治支配は中央でも地方でも武士の力なしには不可能となっていた。琵琶湖の湖上交通においても国衙の支配など国家統制は弱体化し、貢納米などの運送に湖上交通を利用する荘園領主は独自の裁量により機能していたものと思われる。起請札の内容からは混乱する古代末期の社会でたくましく生き抜き、新しい中世社会を支える人々の生活の様子が記されている。

起請文とは

　起請文とは宣誓の内容は絶対に間違いない、もしそれが誤りであったら（すなわち宣誓が破られた場合には）、神仏などの呪術的な力によって自分は罰を受けるであろうという意味の文言を付記した宣誓書である。「三枚起請」という江戸時代の古典落語があるが、最古の起請文は東大寺に残る久安四年（一一四八）の三春是行《みよしこれゆき》起請文である。紙に書かれた起請文は東大寺のほか、高野山、石山寺などにたくさん残されている。十一世紀後半から十二世紀初めに起請文が発生していたといわれ、その後、十二世紀以降の中世社会の貴族、僧侶、武士から庶民に到るまで広く普及し、戦国時代から近世社会まで広く利用されてきた。

　石山寺に残る僧厳成の起請文には「今後酒は一杯だけで決して重ねて飲みませんと石山観音など神仏に誓い、もし誓いを破ったら全身の毛穴中から罰を受けてもかまわない」とあり、起請文が日常生活にまで用いられていたことがわかる。中世の民衆一揆では紙に書かれた起請文を焼いた灰を神水に入れ回し飲みし、一味神水として誓いを固めた。鎌倉時代には荘園領主間の領地

塩津港遺跡52号起請札　出土状況
滋賀県教育委員会提供
ほぼ完全な形で、長さ約1.4mのスギの板材の表面に181文字の墨書で荷物の安全を神仏に誓っている。保延3年(1137)の年号が記されている最古の起請文である。

争論や武士と家臣の恩賞争論、住人層、百姓層が貢納をめぐる逃散一揆など様々な機会に起請文が使われている。

室町時代になると熊野神社など神社の牛《ご》玉符印《おうふいん》の護符の上に起請文を書き、証文の権威を高め誓約内容の崇高さを示した。滋賀県内では石山寺の起請文のほか、鎌倉時代の『葛川明王院《かつらがわみょうおういん》文書』には「葛川御殿の御林の木を切り、道をつけた事」に対する身の潔白を起請文や、長浜市の『竹生島宝厳寺文書』に残る大永五年（一五二五）早崎村百姓が護符の上に記した、今後竹生島以外の領主の支配下に入らない旨を竹生島弁才天に誓っている起請文などが著名である。

起請札の特徴

起請札は神社遺構の南側を区画する堀の、特に鳥居近くの堀からは折り重なるように出土している。役目を終えた木札の投棄場所として神社正面の堀が最も好まれた様相を示している。出土した起請札の多くは風食を受け墨が消えて文字の部分だけ浮文字になっている。これは長期間神社のどこかに掲示されていたことがわかる。また、木札は切断されたりその痕跡が残るものが多く、刀で傷つけ打ち欠いたのち堀に投棄したものと考えられる。これも、誓約が成就され起請札の役割を終えたことを示している。

また、ほとんどが長大な木札で長さ一・五メートルから二メートルの板に一〇〇文字以上の文字が記載されている。そのため起請文は書きやすく、読みやすくするため段落を区切り書かれている。起請文の書式は従来からの見解では「誓文（前書）＋神文・罰文」からなるとされてきた。塩津起請札は従来の見解とはまったく逆で「神文＋誓文・罰文」となり、前段に神仏を勧請する神文が記され、続いて誓約文が述べられている勧請型起請文である。石山寺起請文や葛川明王院起請文にこの形式が踏襲されているが、こうした形式の違いも塩津起請札が古い様相を示しているためとされる。

数多くある起請札のいずれも筆頭神が固定されている。天上神では梵天・帝釈天、王城鎮守神は八幡大菩薩（石清水八幡宮）、近江国は日吉山王《ひよしさんのう》七社、浅井郡は竹生島弁才天、塩津の地元神は塩津五所大明神である。一定の書式と法則に則り起請文が書かれている。

簡頭には「再拝」の二文字が記される。次に天上神として古代インドのヒンズー教の神であった梵天・帝釈天が勧請される。

A14海運守護札　塩津港遺跡出土　滋賀県教育委員会提供
長さ四〇センチの木札で、頭部にはフックに差し込む細工があり、釘穴も開いている。「海運守護文治三年云々」の記載が読み取れる。舟札であろうか。

A14 52号起請札（誓約文拡大）　塩津港遺跡出土　滋賀県教育委員会提供
「草部行之は負荷のうち魚を一巻きでも取流したら行之の身に近くは三日遠くは七日の内に体中の八万四千の毛穴から神罰を受けても構いません」と墨書されている。

天部の二番目には上界と下界を取り結ぶ役割を果たすとされる中国道教や陰陽道《おんみょうどう》の影響を受けた「炎魔法王」「五道大神」「五星廿八宿」「泰山府君・司命・司禄」などの名が記載されている。中世社会の人々においてもほとんど別世界の神々であったと思われる。

天部の神仏のあとに地上（日本）の神々を勧請する。勧請する神仏は王城（京都）—近江国—浅井郡—塩津の順である。王城鎮守神は八幡大菩薩（石清水八幡）を筆頭に賀茂、祇園、稲荷などの諸神が登場する。王城鎮守神の次には近江当国の神を勧請する。近江の筆頭神はすべて山王七社（日吉神社）である。山王七社以下の建部《たけべ》・兵主《ひょうず》・三上《みかみ》と連なる木札も三点ある。日吉山王七社がすべての起請札で近江一宮である建部神社より上位神で登場する所以は、起請札を記した起請者が山王の精神思想の支配下にあったのであろう。日吉山王社が琵琶湖の湖上交通を使った貢米などの運搬をつかさどる職人集団を支配していた可能性がある。浅井郡では竹生島弁才天、地元の塩津では筆頭神に塩津五所大明神が記される。出土した神社遺構が当時塩津神社と称されていた可能性もある。また、「稲懸祝山」の神社名も何例か記されているが、祝《ほり》

呪符墨書土器　塩津港遺跡出土
滋賀県教育委員会提供
本殿周辺から出土した。平安時代の土師皿に墨書された呪符で、結界内から鬼を排除する意味であろうか。神社が陰陽道や神仏習合を併せ持っていた様子が分かる。

山《やま》は現在も長浜市西浅井町内に大字名として残っており、集落内には香取五《かとりご》神社が鎮座している。

起請札から見る塩津湊

五二号札は「草部行元若此負荷内魚ヲ一巻にて毛取なかして候ハ」とあり草部行元はもしこの（運送を）請け負った荷物の内、たとえ魚一巻でも取り流した（失った）ならば神罰を受けてもかまいませんとしている。塩津湊に関係する専門の運送人「草部行元」の存在、運送する荷物が魚であること、「魚一巻」から塩干物の可能性があること、その荷物を奪う盗賊の存在、荷物を失うことは神罰を受けるほど重要であったことなどが読み取れる。

ほとんどの起請札の誓約文は不明な文字が多いが、いくつかの重要な誓約内容が読み取れる。その中でも「白米二斗・米一〇石・千僧供米・御庄供米・佐佐米」など米に関する文字と「盗取、取り、取られ」などの誓約文字が多く目につく。「口表盗取於不取」「盗取テ其米ヲ取」「一升若二三升にても人の取」「一二斗モ取不取」など米に関する文字や、盗まれない、取られないなどたびたび登場する。北陸の貢納物が塩津に集積され大津を経て京都や奈良に運ばれているが、その貢納物の中心となるものは米である。北陸には院政期にかけて多くの荘園が発展している。東大寺領では越前の道守荘、糞置荘、加賀の横江荘など著名であるがこのほか興福寺、賀茂社、摂関家など権門勢家が荘園を形成した。荘園からは貢納米や産物が領家へ運上される。

起請した人物の多くは塩津湊を拠点とした琵琶湖水運の運送業者であったと思われる。五二号札の「負荷」は荷物の運送を請け負うもので、国家的支配の統制以外に独自に湖上の運送を担うものが存在したことと思われる。請荷の多くは「御庄供米」「千僧供米」のように荘園から荘園領家に運ばれたことがわかる。中世の陸上での物資の運送業者は荘園領主に隷属した問丸や馬借・車借などと呼ばれた自立した運送集団の存在が知られているが、湖上交通においても荘園領主の荷物の運送を請け負う輸送業者が存在したのであろう。

起請文で荷物の安全な運送を誓約している。琵琶湖に近接する神社は正面を南の琵琶湖に向けている。神社の信仰の主体の多くは船で参拝した。鳥居が湖中に立つ高島市の白鬚《しらひげ》神社は近世の絵図には船で参拝する様子が描かれているが、湖岸に立地する多くの神社や寺院は船で参拝することが一

鳥居　塩津港遺跡出土　滋賀県教育委員会提供
直径 50cm 以上ある鳥居の柱。樹種はモミ。

般的であったのであろう。塩津の神社はとりわけ運送業者中心に信仰を集め、その神社では起請文の祭祀が行われていた。神社の拝殿前に設けられた誓約の場では篝火《かがりび》がたかれ、多くの運送業者が祭壇を取り囲むなかで、荷物の安全な運送を願う船主は木札に書かれた起請文を朗々と読み上げ、神前に誓いを立てた。誓約が終わると、皆は神水また神酒を酌み交わし、饗宴の場を持った。大量の土師皿《はじざら》や箸の出土はこの場で使われたものであろう。起請札は誓約が成就するまで神社に奉納・掲示されていた。

　また木札に記載された月は現在の暦の三月~十一月に当たる、二月~十月に限定されており、冬の期間には琵琶湖沿岸の塩津浜の地では起請文祭祀が行われていないことがわかる。現代でも西浅井は冬季には豪雪地帯で一メートルを超える積雪もしばしば見られる。また、琵琶湖の湖面は強い季節風で三角波が立ち漁は中止となり、大型船は港への接岸もできなくなる。塩津での起請文祭祀は季節性を持って行われていた。治暦元年(一〇六五)の太政官符写に北陸の物資運搬について「九月以降三月以前は陸路は雪が深く海路は波が高い」ために運送を控える旨が記されている。北陸からの物資運送の時期に関する内容が太政官符写と塩津起請札と同じ時期であることがわかる。国家の方針として冬季の物資運送が中止されたことにより北陸からの物資が塩津には運搬されないため、冬の間は起請文祭祀も行われなかったのであろう。

　湖上の水運を祈願する典型的な木札も見つかっている。簡頭に「海運守護文治三年」(八三号)と記している。ちなみに文治三年は西暦一一八七年である。長さ四〇〇ミリメートル、幅九〇ミリメートルの小型の木札である。木札の主要な後半の文字は判読不明であるが、文治三と年の間に釘穴があり、頭部にはフックに差し込み固定するための細工が施してある。「海運守護」の海は「近つ淡海」である琵琶湖の意である。海運守護の札を船の舳先などに固定し、湖上交通の安全な水運を祈願した船札であろう。

　塩津湊は北陸からの物資の集積基地として繁栄しただけでなく、都からの物資を北陸に移出する基地でもあったと思われる。塩津港遺跡出土の土師皿はいずれも平安京のもので、漆器椀も上質のものが多い。神社建物に部分的に葺かれていた軒先瓦も平安京で出土する剣頭文瓦である。平安京の貴族に好まれた上品な食器や織物などが地

井戸　塩津港遺跡出土
滋賀県教育委員会提供
本殿の左脇で見つかった。土坑内に直径50㎝の１段の曲物を入れ井戸枠とし、正面には石組を施す。起請文祭祀の場ではこの井戸の神水を酌み交わしたものと思われる。

方に波及して行ったことであろう。塩津がその拠点であったことが起請札からもうかがえる。四三号札には「判官代牛取曳天」とあり、牛曳きとは物資運搬のための牛の可能性がある。塩津から敦賀に抜ける塩津海道は急峻な深坂峠を越えなければならない。深坂峠越えの物資運搬に牛が用いられたものであろう。四三号札から塩津は北陸から都への一方通行の基地でなく、都の産物を北陸に運ぶ拠点でもあったといえる。

数多くの起請札の出土は物資の安全な運送を誓約したためであるが、多くの起請札は物資運搬に伴う安全がしばしば脅かされていたことを示している。瀬戸内海などの海洋では九州と都との物量の船舶がしばしば海賊に襲撃されているが、琵琶湖においても湖上海賊が頻出していただろう。律令国家体制は有名無実で国家による安全の保障は消滅したことで自己防衛のため、権門勢家はこぞって武士の武力に頼っていたが、湖上における防衛は起請札による誓約が有効な手段であったと思われる。

また、起請札に登場する人物であるが、多くは誓いを立てた本人の名前が記されている。人物名には菅原有貞、三川安行、(佐々木)又安・かも貞光・□□成包、穴太武次、草部行元、藤井末実など記され、これらの人々は起請札の起請主である。いずれも名字を持っていることから一定の身分階層の人物であったことがわかる。こうした運送業者は起請札での誓いとともに運搬船を自己防衛するためある程度の武装をしていたものであろう。

おわりに

木札には起請札のほか舟札や卒塔婆《そとば》、陰陽道に関する祀りあとなどもあり、神像の出土と合わせ当時の神社が神仏習合の信仰の場であったことがわかる。塩津湊にあった平安時代の神社の信仰の対象の主体は塩津と大津の湖上交通を支配する運送業者であったが、卒塔婆や陰陽道などは地元住民の信仰の場でもあった。冬場を除いて神社周辺にあった湊には北陸からの年貢米や都からの織物などを保管する倉庫群が立ち並び、物資の積み下ろしをする人々や出入りする運搬船の賑わいが伝わってくる。

琵琶湖舟運の南の起点・大津

和田光生

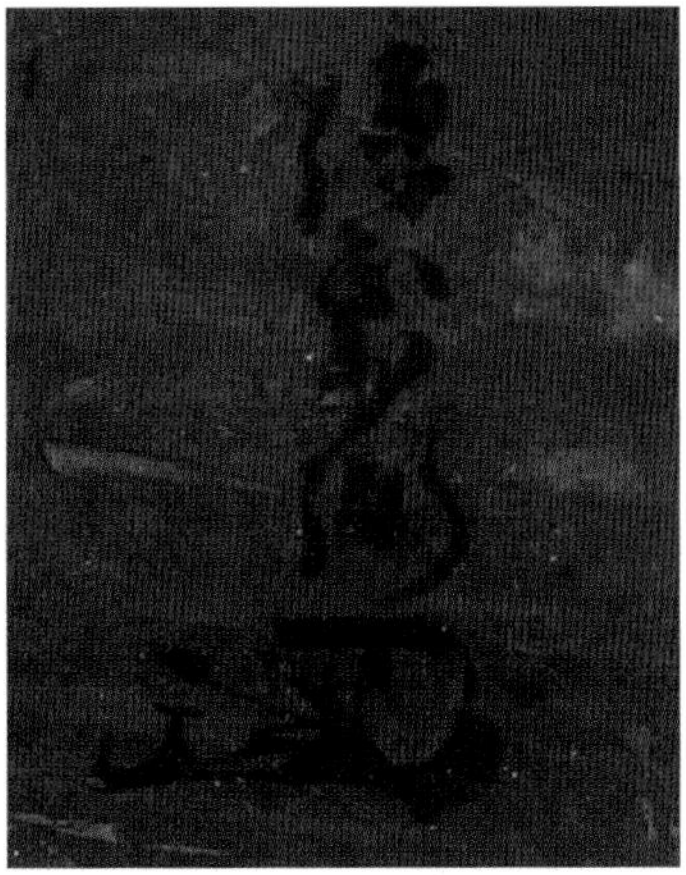

A29 浅野長吉高札（花押部分拡大）　長浜市長浜城歴史博物館蔵
天正15年（1587）、大津百艘船の創設にあたり、大津城主浅野長吉が与えた高札で、五ヶ条からなり、大津百艘船の特権を定めている。以後、歴代の大津城主や大津代官は、時に応じほぼ同内容の高札を与え、大津百艘船を保護した。全体は、15頁参照。

南の玄関「大津浦」

琵琶湖では湊を浦と呼ぶことが多い。北国や東国からの物資、琵琶湖周辺の村々からの物資運搬など、琵琶湖は流通の動脈として大きな役割を果たしてきた歴史があり、湖岸の村々は湊としての側面を持っていた。その場合地名に浦を付けて呼ばれており、湊の意味が付加される。

この湖上舟運の南の玄関口が「大津浦」であった。別名「屏風浦」とも呼ばれ、「一湖四面屏風を引きまわしたる浦なるゆえに云」（『淡海要録』）とされている。湖上から大津浦を見ると、正面に音羽《おとわ》山系、少し離れて田上《たなかみ》山系が、西に比叡山からつづく長等《ながら》山系、東には金勝山《こんぜやま》などの山並みと、遠くには鈴鹿山脈の山並みが見える。振り返って北を眺めれば、湖のはるか彼方に伊吹山をはじめとする湖北の山々が連なる。

四面山に囲まれた、という比喩は、近江のどの土地にも通じるものだが、大津がとりわけ「屏風」と評されたのは、正面と西側に山並みが迫っていることに由来するのだろう。そして、ここが琵琶湖の南の終着点に位置し、湖上舟運の目的地だったことにより、船に関わる人々にとってとりわけ深い印象を与える景観だったと想像される。

さて、この大津浦を中心に、戦国期から近世初期の状況を紹介するのが、本稿の目的である。

湖上の関

中世後期の湖上舟運で注目されるのは、琵琶湖の各所に設けられた湖上の関である。特に室町時代になってからは、陸上とともに海上や湖上にも関が設けられていた。この関は、通行にあたって金銭を徴収することが大きな目的で、室町幕府の許可を得て設けられたものである。したがって、人や荷物を改め、外からの侵入を防ぐ意味での関ではなく、建物の建築や修理な

琵琶湖眺望真景図　大津市歴史博物館蔵
幕末、広瀬柏園が大津浦沖に船を浮かべ、周囲の様子をスケッチした図巻。瀬田橋から反時計周りに尾花川までの様子を描いている。大津や膳所の姿がないのは残念だが、大津浦沖にたくさんの丸子船が浮かび、いずれも帆を下ろし、荷物に掛けていたコモをはずし、入港のための準備に忙しい様子がわかる。

どの経費を集めるために設けられる関が多く、目的を遂げるまでの期間を限定した関が一般だった。それはやがて恒常的な関へと変化していくが、いずれにしろ、交通の盛んな地に設けられたもので、琵琶湖はそれだけ湖上舟運が盛んだったことを意味していよう。

琵琶湖上では、北から船木（高島市）、船木（近江八幡市）、沖島、堅田、坂本七ヶ関、大津といった湖上関が確認できる。とくに南湖西岸の三ヶ所は、物資を陸揚げし、京都へ運ぶための湊としても重要な位置にあり、湖上の通行料という意味とともに、港湾の使用といった意味も含まれていたのではないかと想像される。では、堅田・坂本・大津の湊の様子を、時代の変化も含めてみていくことにしよう。

堅田浦

その由緒から、近世「諸浦の親郷」と名のった堅田は、琵琶湖の舟運や漁業において大きな特権を有していた。北湖と南湖の境にあって、琵琶湖が最も狭まった場所に位置し、舟運を監視するのに地の利を得ており、関を設けるに好都合な場所だったのだろう。その上、上乗《うわのり》権と呼ばれる湖上通行承認権をも持っていた。これは、堅田の承認を得た船であることを示す印（旗など）を掲げていないと、安全な航行が保証されなかったことによる。各浦の船は、堅田と接触を持ち、その保証を得ることで、安全に荷物を運搬することができたのである。こうした権利を主張できる根拠として、下鴨社の御厨《みくりや》であり、供御人として湖上一円で漁撈を行っても良い権利を持っていたことがあげられる。「堅田ハ湖十二郡ヲ知行致、其成敗ヲ仕リ候」（『本福寺由来記』）や「櫓棹杵（櫂）通路の浜当社供祭所為るべし」（『鴨脚秀文文書』）といった文言で表されるように琵琶湖一円を支配する力を、室町時代の堅田は持っていたことになる。ただ、こうした堅田の力は、織田信長、豊臣秀吉の時代を迎えると、大きく変貌をとげていく。

坂本浦

坂本は、権門である比叡山延暦寺の膝下にあたり、全国延暦寺系荘園から年貢米をはじめとする物資が集積する湊であった。坂本関は、現在の下阪本地区にあたる。この地は、三津浜《みつはま》とも呼ばれ、戸津《とづ》・今津・志津《しづ》を指し、湖岸にいくつかの船着場があった。坂本で陸揚げされた物資は、延暦寺に向うもののほか山中越（今路越）で京都

湖中から現れた坂本城の石垣
大津市歴史博物館提供
琵琶湖が異常渇水に見舞われた時、下阪本の湖岸から坂本城本丸の石垣が現れる。沈下を防ぐための根太と呼ばれる横木の上に、石列が見える。

に運ばれており、坂本は水陸交通の要の一つだったのである。大津から京都への逢坂越は、園城寺（三井寺）の管理下にあり、山門系をはじめ、多くの京都へ向う物資や人は、坂本を利用したと考えられる。こうして経済的に潤う土地であった坂本には、土倉（金融業者）や問丸（問屋）があり、陸上の物資運搬を担う馬借、車借が活躍していた。室町時代後期、権門としての延暦寺の力が衰えても、坂本の繁栄は変らなかったとされており、これは京都と琵琶湖を結ぶ要の湊だったからだろう。

こうした坂本の繁栄は、元亀二年（一五七一）織田信長による山門焼討ちで大きな転換点を迎える。信長軍は、坂本を焼き尽くした後、延暦寺を攻めており、坂本は壊滅的な打撃をうけた。ただこの前年にも、延暦寺と結ぶ浅井・朝倉軍と信長軍が坂本周辺で対峙し、合戦が行われており、戦国の世は、人々の生活を絶えず脅かすものであった。

そしてこの山門焼討ちの直後、下阪本地区に明智光秀によって坂本城が築城される。湖岸に本丸を築いた水城で、湖上舟運を意識し、坂本浦と延暦寺を分断する意図をもって築城されたといわれている。こうした水城の築城は織田信長による、琵琶湖舟運の新たな秩序の構築を意味するとも受け取れるが、その判断は容易でない。

では信長は琵琶湖の舟運に対しどのような姿勢をとっていたのだろうか。山門焼討ちの半年前にあたる元亀二年二月、浅井方の重臣であった磯野《いその》員昌《かずまさ》を佐和山城から対岸の高島に移すにあたり、堅田に船百艘の提供を命じ、堅田はそれに応じている。また翌年の浅井攻めにあたっても、湖上からの攻撃に堅田諸侍が参加しており、明智光秀の指揮下で、堅田が水軍として機能していた。当時の堅田には、猪飼甚介なる人物が後の船奉行のような役割を果たしており、信長の動きに呼応して堅田は行動していたといえる。このことは、信長が堅田の保持してきた舟運に対する実務能力を利用し、近江の安定をはかるべく行動していたといえそうだ。

大津百艘船の成立

天正十年（一五八二）本能寺の変で信長は横死するが、この変を起した明智光秀も、山崎の合戦で豊臣秀吉によって敗れ、坂本城は落城する。しかし秀吉の時代にはいると、丹羽長秀によって坂本城は再建され、杉原家次、浅野長吉が城主となる。天正十一年（一五八三）には浅野長吉が、坂本城下

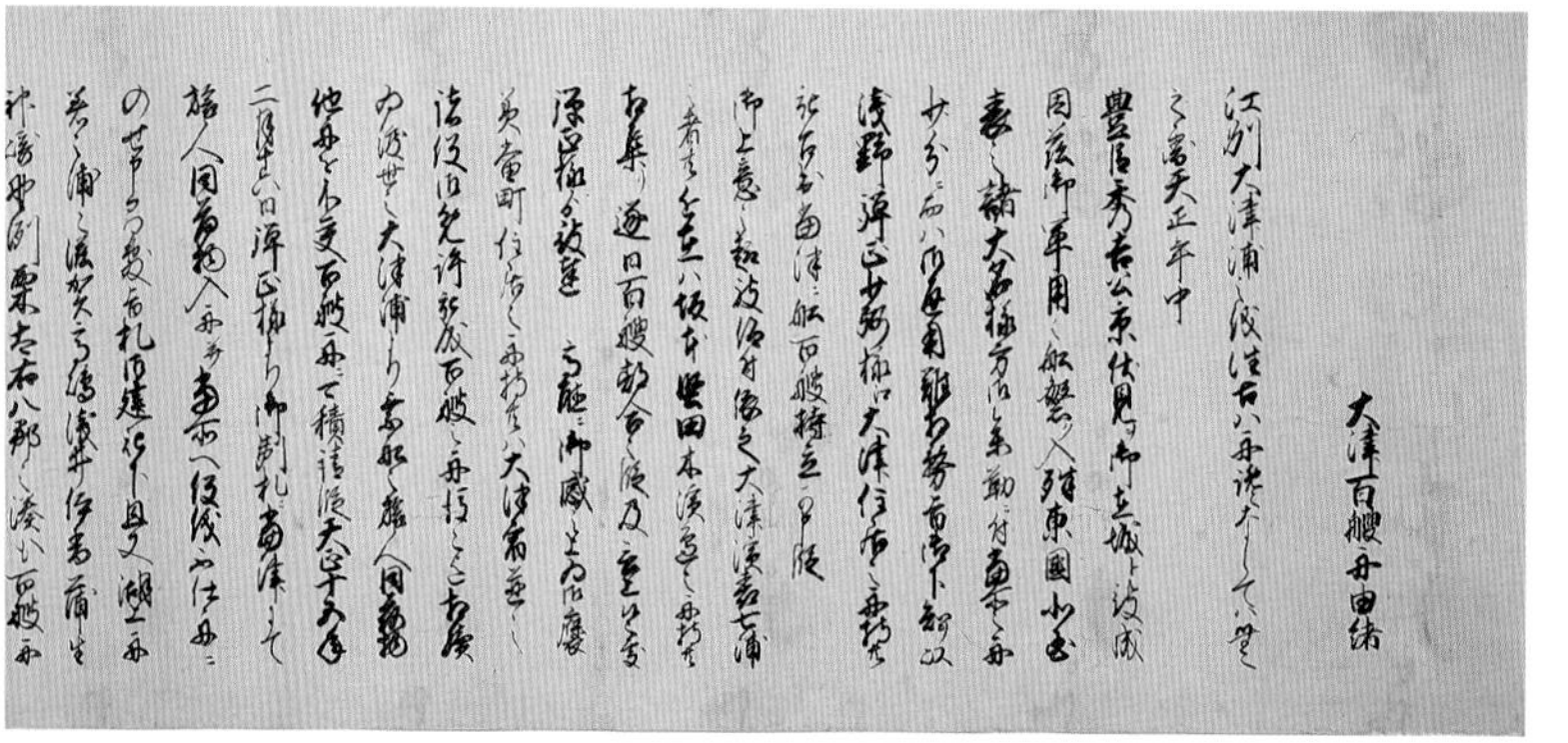

大津百艘船由緒　個人蔵
大津百艘船の由緒と、歴代の大津城主や大津代官から与えられた高札の写しなどを記録したもの。

に十一ヶ条の定書を出しており、これは織田信長が、安土城下に出した定書と類似するもので、楽市・楽座を認めるなど、坂本の繁栄をはかるものであった。また浅野は、堅田が保持してきた従来の権利を保証する掟書も出している。第一条で「諸浦に於いて、荷物、旅人、諸商売、并びに猟すな取の事」とあり、これらの従来からの慣行を認めている。この時期浅野長吉は、近江の安定をはかるため様々な指示を出す一方で、近江に新たな秩序を構築するため大津城を築城する。

天正十四年（一五八六）頃、豊臣秀吉の命を受けた浅野長吉は、坂本城を棄城し、大津に城を移す。この大津城の築城に伴い、新たに大津町が形成されるが、その核を担った組織が「大津百艘船」で、それは、坂本・堅田の繁栄をそのまま大津に移すことに他ならなかった。

「大津百艘船由緒」によると、豊臣秀吉が伏見城を築城し拠点としたことで、東国や北国の諸大名が参勤するにあたり大津に多数の船を常備しておく必要が生じた。このため、秀吉は浅野長吉に船百艘を常備するよう命じる。そこで浅野は、従来の船に加えて坂本、堅田、木浜の船持ちを集め、百艘を調えたのが大津百艘船のはじまり、とされている。伏見城の築城は文禄三年（一五九四）のことであるから、時代が矛盾しているが、大津を琵琶湖舟運の拠点にすることを意図して大津城築城とともに創設されたと考えるべきだろう。当初大津には一六艘の船しかなかったと言われており、八四艘の船が堅田や坂本から集められたことになる。

堅田と大津

そして、天正十五年（一五八七）、浅野長吉は大津百艘船に大きな特権を与える高札を与える。五条からなる定の第一条は「当津荷物・諸旅人、いりふねにのせましき事」とあり、大津の荷物や旅人は、他所の湊から大津に来た船に積ませてはならない、というものである。その前提として第二条で「当所へ役儀つかまつらさる舟に、荷物・旅人のせましき事」と規定され、大津での役儀を勤めない船は、荷物・旅人を積めないことになる。基本的に役儀を勤める大津百艘船によって大津からの荷物や旅人は独占されることになり、この特権は江戸時代を通じて大津に認められていた。こうして、大津は琵琶湖における南の玄関口としての地位を確固たるものにする。

この定は一見、天正十一年（一五八三）に堅田に出された掟と矛盾しているようにも見える。堅田への掟では、従来の堅田の特権が安堵されており、湖上における舟運の優越が認められていたわけだが、大津百艘船への定は、その権利を侵害するものとも受止められる。おそらく、大津百艘船が創出されるなかで、多くの堅田船が移ってきたと考えられ、大津と堅田が一体のものとして受け止められていたのではないか。そうであれば当初の段階では、大津百艘船への特権は、堅田籍の船への特権でもあったことになる。実際、坂本や堅田から人々が移ってきた痕跡は、地名として残されており、上堅田町、下堅田町、坂本町をはじめ下阪本地区の町名である太間《たいま》町、小唐崎町、柳町、石川町といった町名を認めることができる。

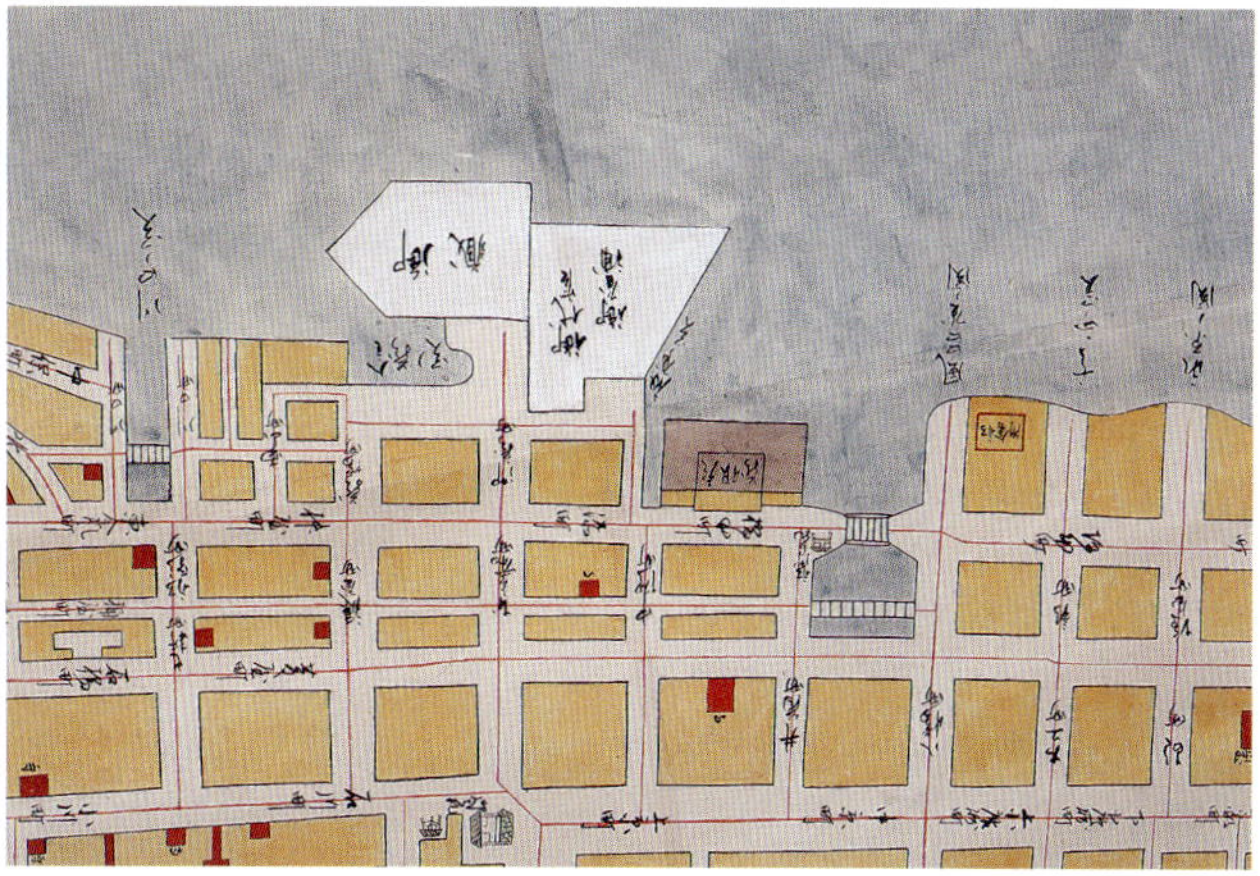

湖水渡船絵図（部分）　大津市歴史博物館蔵
天明五年（一七八五）、小舟入と石場の相論に際し制作された、大津と矢橋の渡し船航路図。湖岸に多くの関があったことがうかがえる。

別の面から大津と堅田の関係を考えてみると、船大工の問題がある。中世の状況をうかがうことはできないが、近世の船大工は、大津と堅田に限定して居住していた。「船大工由緒」では大津浦の船大工が少ないと御用が勤められないとの秀吉の指摘で、大津と堅田の船大工四一名がその役儀を担うことになる。このため、天正十二年にこれらの船大工に対し諸役免除の豊臣秀吉朱印状が与えられ、この朱印状は、毎年大津と堅田の船大工が交代で保管する慣行が近年まで続いていた。船大工は作業場を伴うため、容易に移住することはできないが、舟運の要であるため大津・堅田を一体の「船大工仲間」として管理したのであろう。これなども、大津と堅田の結びつきを推測させる事例といえる。

こうした流れで、従来堅田が保持してきた舟運に関する権限の多くは大津に移され、このことが近世大津の経済的な発展に大きく寄与した。秀吉の政策により、近世経済都市大津が誕生したことになる。

近世の大津湊

大津百艘船の創出とほぼ同じころ、琵琶湖全体の船を統括する役職として船奉行が置かれ、秀吉の信任が厚かった観音寺詮舜が就任している。以後、江戸時代に入っても観音寺（草津市）が湖水船奉行を務めていたが、貞享二年（一六八五）には幕府の官吏に変っていく。これは、琵琶湖の船を管理することの意味が大きく変ってきたためで、当初は、公用船を徴発するためであったものが、元禄三年（一六九〇）以降は、船の運上金を徴収する役目が主眼となる。このため幕府の官吏が船奉行に就任し、以後は大津代官が兼帯する形となる。ちなみに、江戸時代を通じ、彦根藩領は、湖水船奉行の管轄外であり、彦根藩独自の船管理がなされていた。

もう一点、琵琶湖舟運について江戸時代に問題となるのは、艫折《ともおり》廻船というルールが定着していたことである。これは、船を着岸させる場合、艫、つまり船尾から着岸することで、湊での作業が終れば、すぐに出発できる体勢で着岸することを指す。慶長三年（一五九八）の秀吉朱印状「江州湖上往還之船定条々」の第四条に「先年以　御朱印被仰出候浦々舟ともおり法度儀、弥不可有相違事」と見えるものである。湊における優先順位は、先着順と天正十九年（一五九一）の定にあるが、その先着順は、「ともおり」であることが前提となり、これが江戸時代を通じてのルールとなっていく。

こうして琵琶湖舟運をめぐる江戸時代の諸制度は、秀吉時代の取り決めを基本に推移していく。そして、秀吉の時代に湖南の玄関口として整備され、優位な権限を与えられた大津百艘船は、以後大津の繁栄の基礎となる。もちろん、大津百艘船に与えられた有利な条件が、江戸時代を通じて貫徹されたわけではない。外部的な要因としては、西廻り航路が整備され、北国の物資が琵琶湖を経由せず直接大阪に運ばれるようになり、大津を含め湖国は大きな打撃を受ける。また、大津の荷物は百艘船が独占するという特権も、他の浦との様々な摩擦を生み、修正しながら推移していった。

紺屋ヶ関踏切
京阪電鉄石坂線の踏切の名称として紺屋ヶ関の地名が今も生きている。

大津湊の範囲

現在、大津の湖岸には、○○関と呼ぶ地名が生きている。「島の関」は、住居表示として使われ、駅名としても親しまれているほか、JR大津駅を真っ直ぐ湖岸へ下った京阪電鉄の踏切は、「紺屋ヶ関」と表示されている。江戸時代の大津を描いた絵図や地誌類を見ると、現在ある以上に多くの関を冠する地名が続いていたことがわかる。

一例として寛保二年（一七四二）の「大津町古絵図」から拾ってみると、北から今堀関・川口関・扇屋関・風呂屋関・永原関・紺屋関・馬場殿関・玄正関・嶋関・猿ヶ関といった名称が続く。こうした湖岸の関地名について享保十九年（一七三四）の『近江輿地志略』では「大津の関々その名目いかなる故ということを知らず」と述べながらも、その位置や堅田浦での用例を参考に「船のつく処、船改の義かよへるにや」と推測している。船が着岸する所、もしくは船を改める所という意味を含んだ言葉だろうか、と言っているのである。大津の湖岸には、大津代官所（浜大津附近）に隣接して幕府の御蔵や加賀蔵、他屋蔵（彦根藩）をはじめ諸藩の蔵屋敷が並び、年貢米が納められた。こうした諸藩の蔵にはさまれて関の地名が認められる。つまり、琵琶湖周辺の湊から積み出された年貢米をはじめとする荷物の荷揚げ場や嶋之関のように矢橋への渡船の発着所も含めて関と呼ばれていた。これらの全体が大津浦だったのである。

このように、近世大津浦の湊といった場合、約二キロの湖岸に連続して船着場があり、琵琶湖を渡る人や物資の集散地としてにぎわっていたのである。

湖北の要港・長浜の繁栄

B19 鉄道蒸気車駅（駅）走図　滋賀県蔵文書

滋賀県蔵文書の内、「鉄道建築事件書類編冊」と名付られた簿冊の冒頭に綴じられた蒸気機関車と３両の客車の図である。木版で二色刷り。この簿冊は、明治７年（1874）から９年（1876）にかけての書類が綴じられており、鉄道関係の書類としては最も古い。本図も、予備知識がまったくない県民に対して、鉄道のイメージを抱かせるために使用されたものだろう。

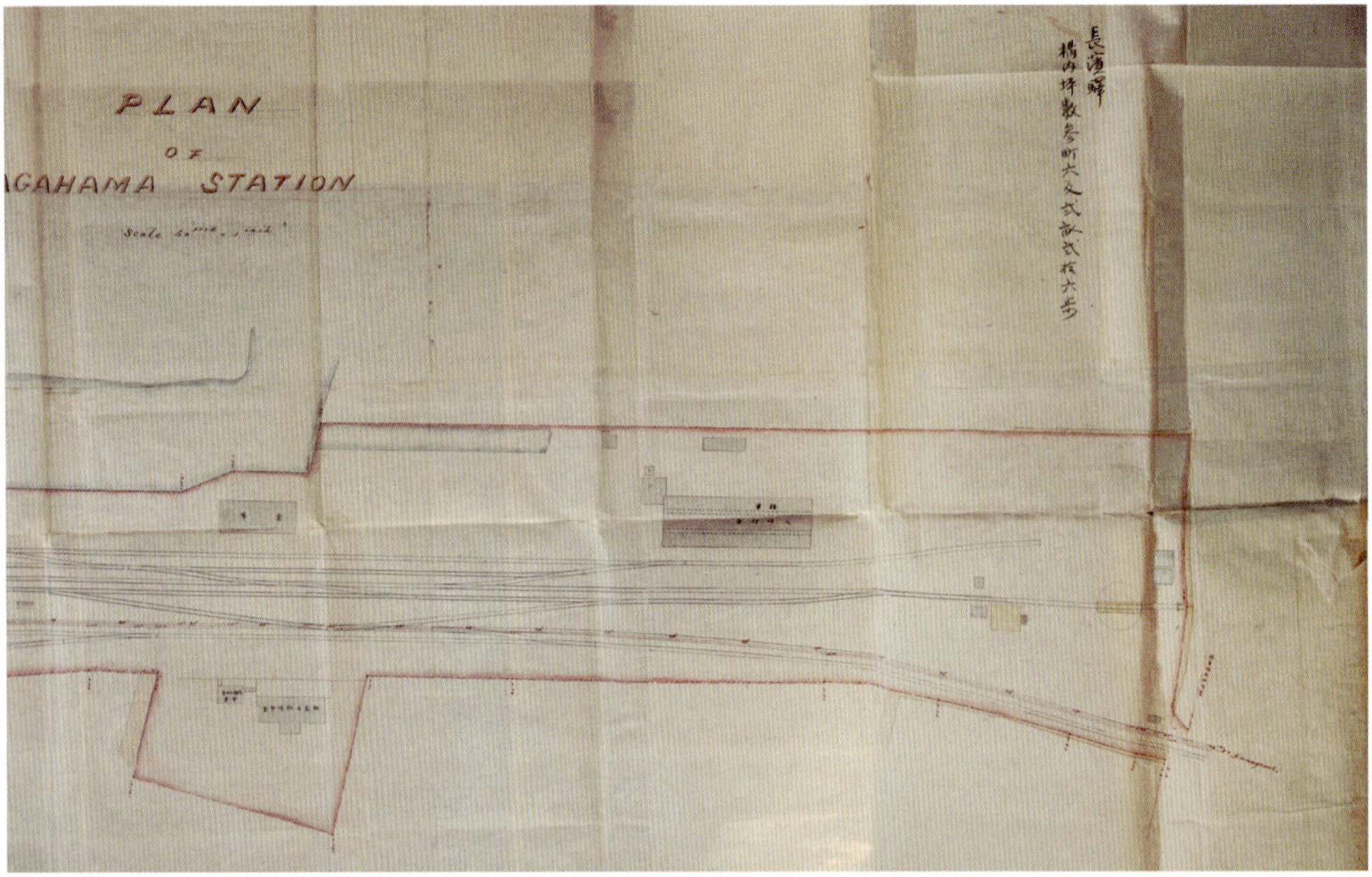

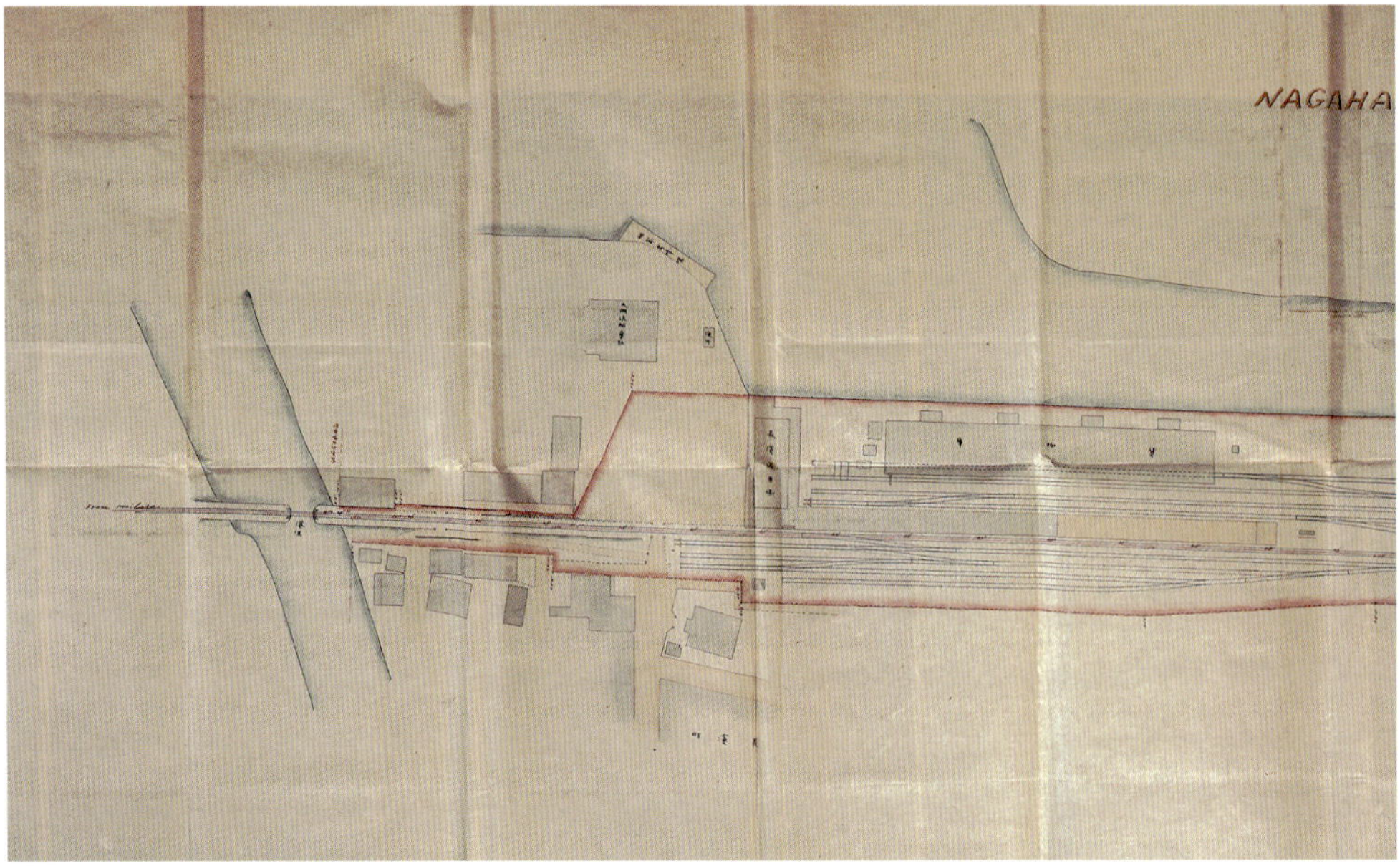

B17 長浜駅構内図　滋賀県蔵文書

「各停車場構内図」と名付られた簿冊に納められた長浜駅の図面である。他に、湖北では米原駅・長岡駅・深谷駅（以上、東海道線）、高月駅・井ノ口駅・木之本駅・中之郷駅・柳ヶ瀬駅（以上、北陸線）、旧春照駅（旧関ヶ原線）の同時期の図が収められる。東海道線全通以後で、関ヶ原線が廃線となる以前の図と判断できるので、明治20年代中頃の状況を表しているものと推定される。

B22 井ノ口村停車場設置願書付図　滋賀県蔵文書

明治 15 年（1882）11 月 17 日、伊香郡井ノ口村への駅設置願いに付属された絵図。伊香郡の中心に井ノ口村がなるように描かれ、さらに井ノ口駅予定地（白○）が木之本駅と河毛駅の中間にくるように図面の操作がなされている。実際は、高月駅の方が両駅の中間に近い。のどかに走る蒸気機関車は、切実な思いが込められた絵図であることを忘れさせる魅力がある。

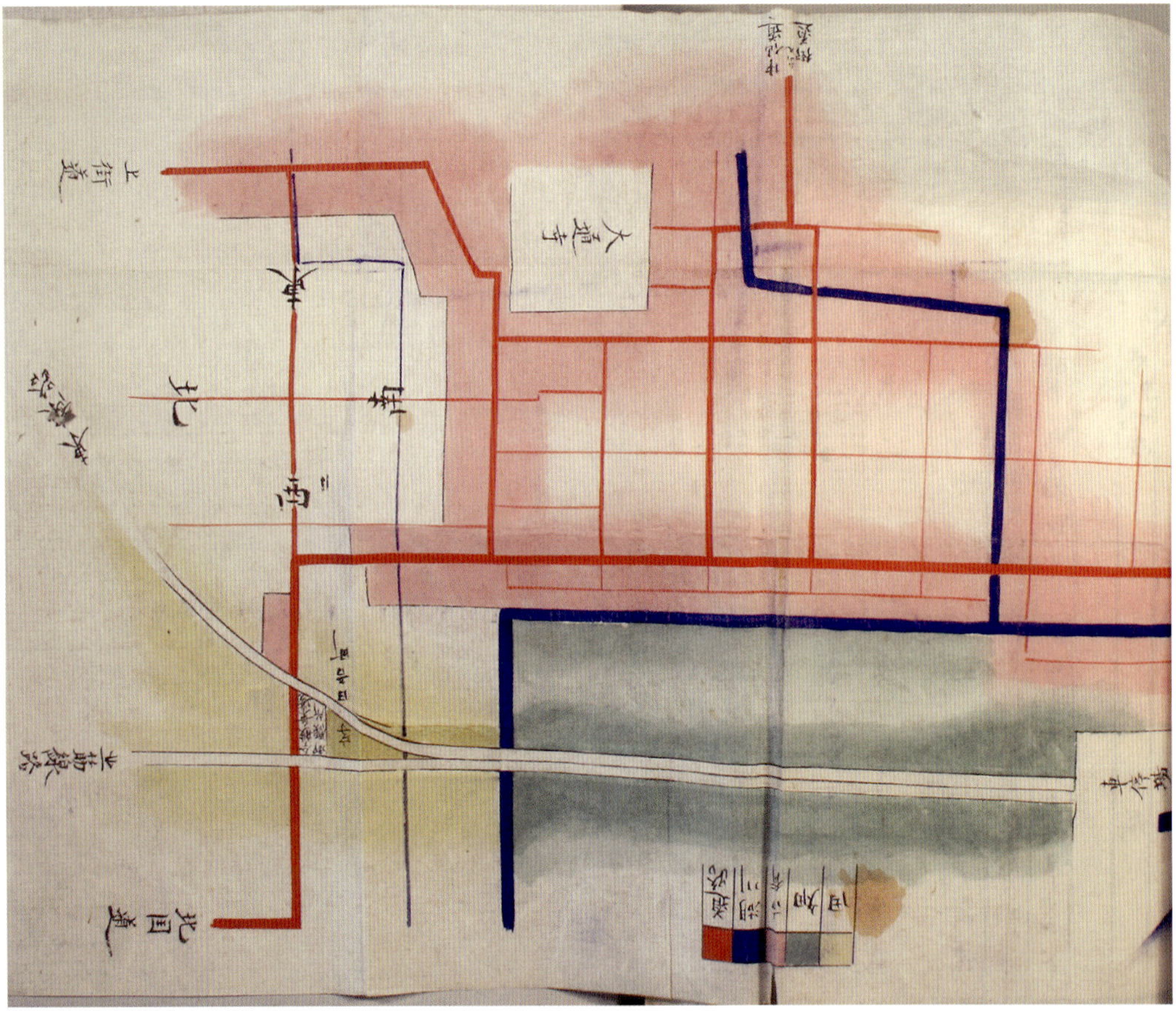

B23 長浜大手町北部停車場増設願付図　滋賀県蔵文書

明治16年(1883)4月7日、長浜町北部の10町と、周辺15ヶ村、それに長浜町聯合戸長が、関ヶ原線が敦賀線と分岐した附近の日吉町に、新駅を増設して欲しいと、滋賀県令へ提出した願書の付図である。鉄道敷設直後にも関わらず、長浜町や周辺では、鉄道駅の商業に果たす役割への期待が大きかったことを示していよう。

鉄道敷設と連絡船の就航

太田浩司

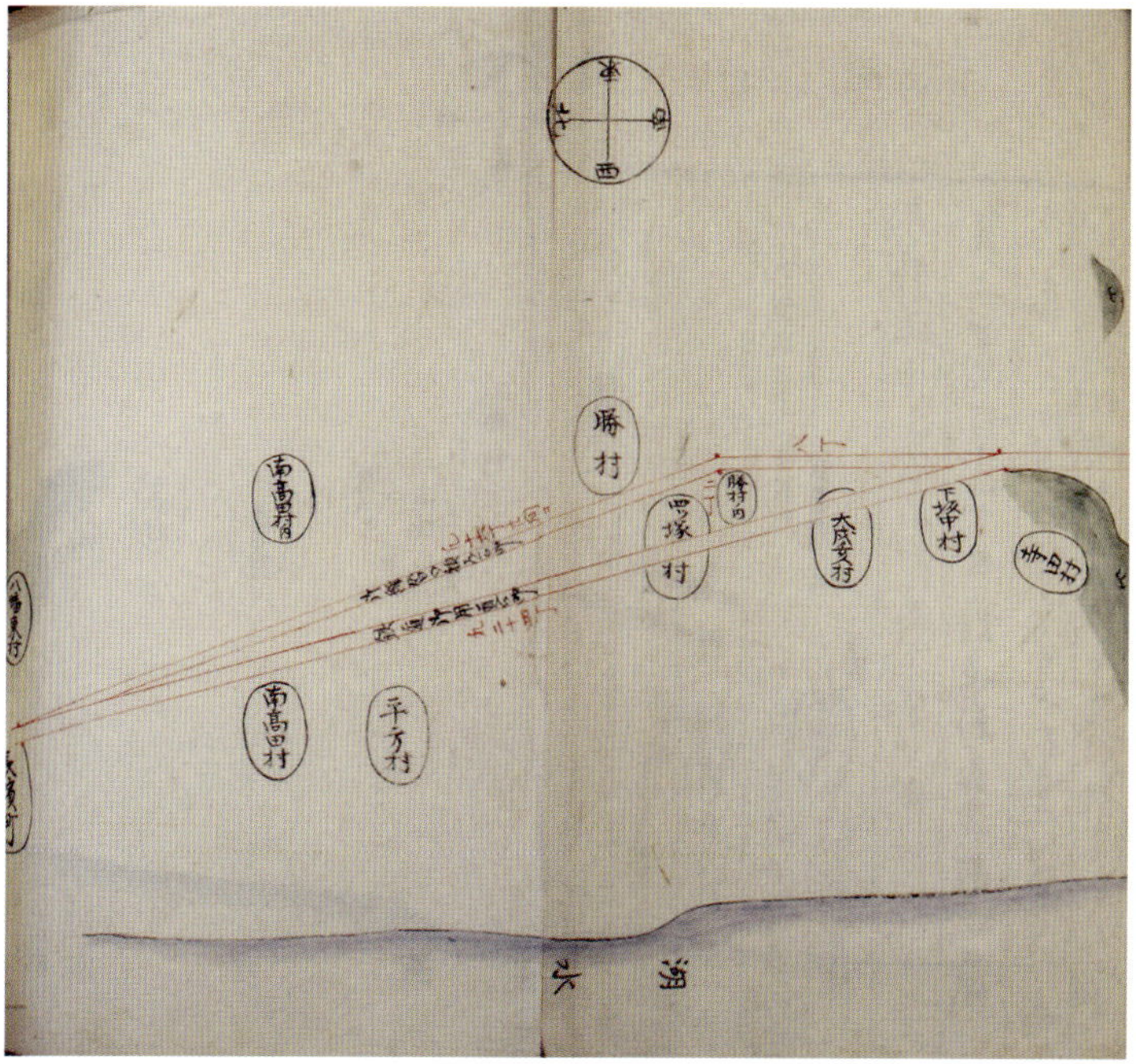

坂田郡四ツ塚村鉄道筋之義ニ付御歎願書　滋賀県蔵文書
明治９年（1876）３月 22 日、坂田郡四ツ塚村（長浜市四ツ塚町）が居宅にかかって鉄道を敷設することに異議をとなえ、四ツ塚村と勝村（長浜市勝町）との間へ経路変更を願い出ている文書。この願書の趣旨は採択されたとみられ、実際の鉄道は両村からはるか西に隔たった湖岸沿いを通るルートで敷設された。

鉄道敷設決定から測量へ

明治二年（一八六九）十月十日、明治政府は日本への鉄道導入を決定すると共に、具体的なルートとして、東京・京都・神戸間に加えて、敦賀から琵琶湖周辺までの鉄道敷設《ふせつ》を決めた。敦賀から滋賀県内に至る鉄道は、日本鉄道史の上でも、最も早くから計画されていた路線なのである。明治四年（一八七一）三月九日には、敦賀・京都間の測量着手の指令が出されており、同年にはお雇外国人フランデルの測量（海津経由）、明治五年（一八七二）にはイングランドの測量（塩津経由）が行われ、鉄道敷設へ向けて着々と準備が進められていた。明治六年（一八七三）から明治七年（一八七四）のシャービントンによる測量は、実現することになる敦賀・米原間の鉄道建設における基本ルートとなった。

滋賀県蔵文書には、明治五年（一八七二）

から明治八年（一八七五）にかけて、県内の測量障害物や測量用杭打ちに関する史料が多く残っており、測量事業の進捗《しんちょく》を知ることができる。さらに、明治七年（一八七四）六月八日には、「測量障害物の代価・運送費等に関する布達書」（明と−1・54＝滋賀県蔵文書の記号・番号、以下同じ）が県令から出されている。この間、明治九年（一八七六）二月、鉄道寮鉄道頭《のかみ》井上勝《まさる》は、鉄道は「国富」に有益とし、鉄道敷設の推進を訴えている。

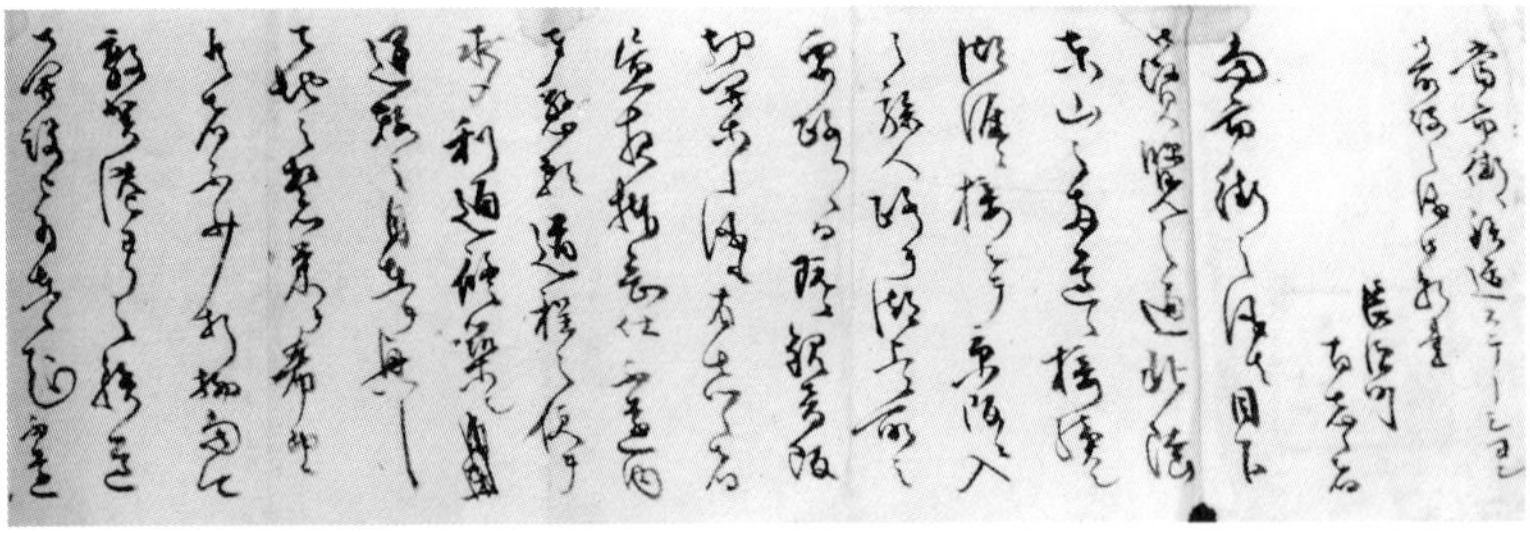

長浜ステーション設置願写　吉田長蔵家文書
明治10年（1877）3月に、長浜町民有志が長浜停車場の市内設置を請願した文書の写。用地提供の準備も表明している。

明治九年（一八七六）三月二十二日、「鉄道筋之義ニ付御歎願書」（明と−1・275）によれば、坂田郡四ツ塚村（長浜市四ツ塚町）が居宅にかかったので、鉄道敷設に異議をとなえ、四ツ塚村と勝村（長浜市勝町）との間へ経路変更を願い出ている。この願書の趣旨は採択されたとみられ、実際の鉄道は両村からはるか西に隔たった湖岸沿いを通るルートで敷設された。このように、当初の敷設案は完成したルートとは相違している場合もあったようである。

鉄道ルートをめぐる動き

明治九年（一八七六）九月、シャービントンの測量結果に基づき、ボイルによる「上申書」が政府に提出される。そこでは、敦賀〜京都（琵琶湖周辺から、のち京都までと延長）のルートを四区に分け、第一に敦賀・塩津間、次に塩津・米原間の敷設を急ぐべきとした（四区の内その他二区は、米原・大津間と大津・京都間）。また、蒸気船四隻を建造するなど、湖上連絡船の設置を提案する。これを受け、工部卿《こうぶきょう》井上馨《かおる》の提言により、敦賀・米原間の鉄道敷設（琵琶湖から日本海に最も近い敦賀、中山道との連絡の便がよい米原が重視される）を取り入れる形で、日本における鉄道の敷設ルートが決定された。明治十二年（一八七九）十月四日のことである。ここでは、琵琶湖の蒸気船活用が前提となり、米原・大津間の鉄道は最後に建設することになった。この間、明治十年（一八七七）十二月一日には大津・京都間の鉄道が開通している。

上記の政府動向がある一方、明治十年（一八七七）三月には、長浜町民有志が長浜停車場の市内設置を請願し、用地提供の準備も表明している（吉田長蔵家文書）。この長浜での動きが影響したのか、明治十三年（一八八〇）一月、鉄道局長井上勝は、鉄道と湖上交通との連絡地点を塩津から長浜に変更すること、越前・近江国境付近のルートを塩津経由から柳ヶ瀬経由へ変更することを政府へ上申し認められる。井上のルート変更案は、①柳ヶ瀬経由の方が緩傾斜であること。②塩津経由よりも、柳ヶ瀬経由の方が養蚕地域を通過し、産業的に有利であること。③柳ヶ瀬経由とした場合、水陸交通の結節点は長浜となるが、塩津よりも都市として規模が大きく、商品流通の面で優れていることを上げている。さらに、江竜喜之氏は舟運で繁栄してきた塩津には、根強い鉄道忌避《きひ》運動が存在し、この点も井上の長浜重視のルート変更案に、大きな影響を与えたのではないかと指摘している。

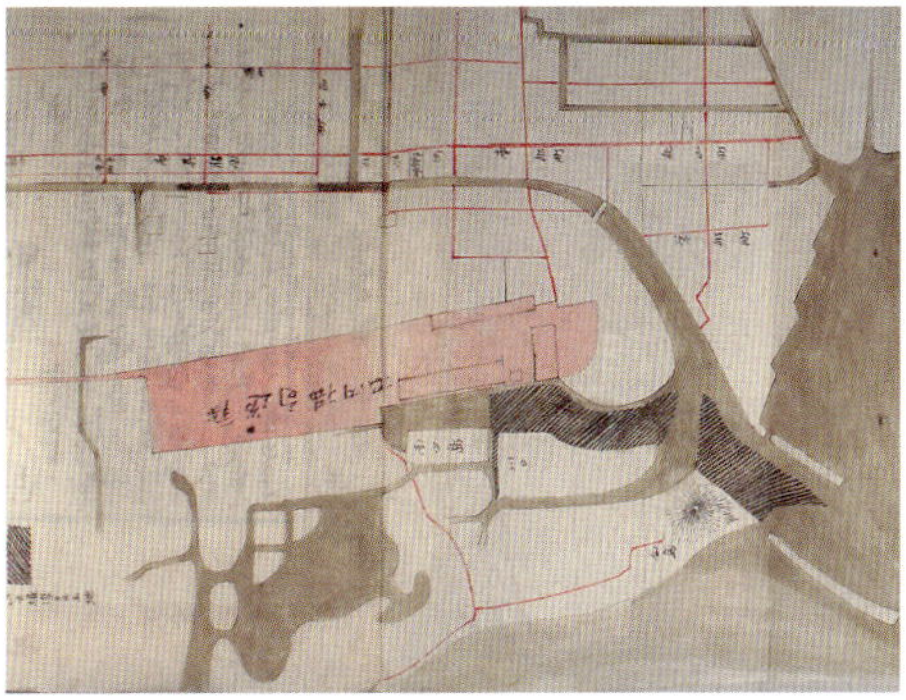

B20 長浜港略図　滋賀県蔵文書
明治13年（1880）に浅見又蔵が、長浜湊の浚渫《しゅんせつ》を願い出た文書の付図。

井上勝像　鉄道博物館提供

井上勝を後押しした長浜町民の声

一方、明治十二年（一八七九）十二月、長浜町の浅見又蔵が長浜から関ヶ原までの私設鉄道の敷設許可を請願する。明治十三年（一八八〇）一月二十三日には、「長浜ヨリ関ヶ原迄新道開設及港口修築」（明と－9・107）が浅見又蔵から県令宛に提出された。これは、関ヶ原までの鉄道敷設の見込みをもって、そのルートに新道を開墾、かつ水陸の結節点である長浜湊修築の願い出を行ったものであった。同年五月十三日の「水路開通願書」（明ぬ－121・1）で、浅見又蔵は鉄道停車場設置に当たって、県令へ水路開通・波留場《はとば》築設の願書を提出する。

同年十月十三日の「長浜港改修工事請負書」（明ぬ－121・4）は、浅見又蔵の港湾浚渫《しゅんせつ》請負書で、浚渫箇所の図面も付属している。これは、陸路の工事はすべて官営で行うので、「専《もっぱ》ら水陸の便を謀《はか》るべき旨」が当局から指示されたからで、又蔵としては関ヶ原線の建設は官に任せ、長浜湊の浚渫・拡張工事を行う工事に専念することとしたのである。この長浜湊の浚渫・修築は明治十六年（一八八三）四月三十日に竣功している。翌年には鉄道局が、この工事そのものを買い上げることになり、明治十七年（一八八四）五月十日から湊は鉄道局の管理となり、同月二十五日には太政大臣三条実美《さねとみ》、工部卿佐々木高行らが出席して築港式が挙行されている。三条や佐々木の出席は、長浜湊が琵琶湖岸の単なる一湊でなく、日本全国交通の要地として位置づけられていたことを示していよう。

こうした長浜での動きは、再び鉄道局長井上勝に大きな影響を与えた。先に記した明治十三年一月、敦賀・米原間の鉄道ルートについて、一方の基点を米原ではなく長浜にすべきと上申した文書の末尾に、長浜から関ヶ原への鉄道敷設について触れている。すなわち、線路を東方に向けて延ばすことを考えた場合、米原経由よりも長浜から直接関ヶ原へ繋げた方が距離も短く利便であると言うのである。

さらに、明治十四年（一八八一）六月二十日、井上勝は米原の地理的不利を訴え、長浜を敦賀方面への基点とすること、長浜から関ヶ原への鉄道敷設を再び上申し、これが政府に認められ、長浜の重要度がより認識されるようになる。この上申で井上は、①長浜経由の方がトンネルを掘る必要がなく工事が容易であること、②米原港は泥《でい》沼《しょう》があり湊として不都合などの理由を上げている。長浜経由について「此線路ヲ措《おい》テ

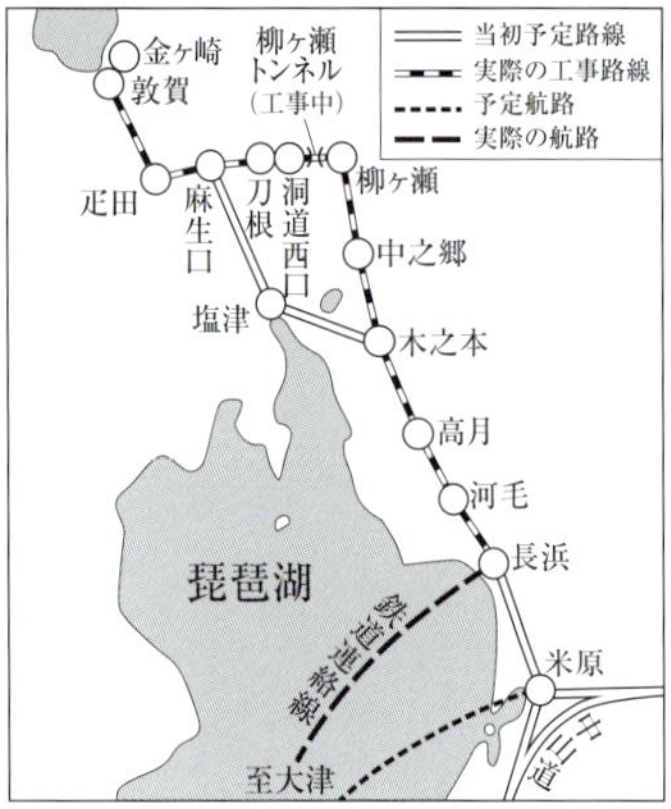

長浜・敦賀間の鉄道路線　『長浜市史』4より

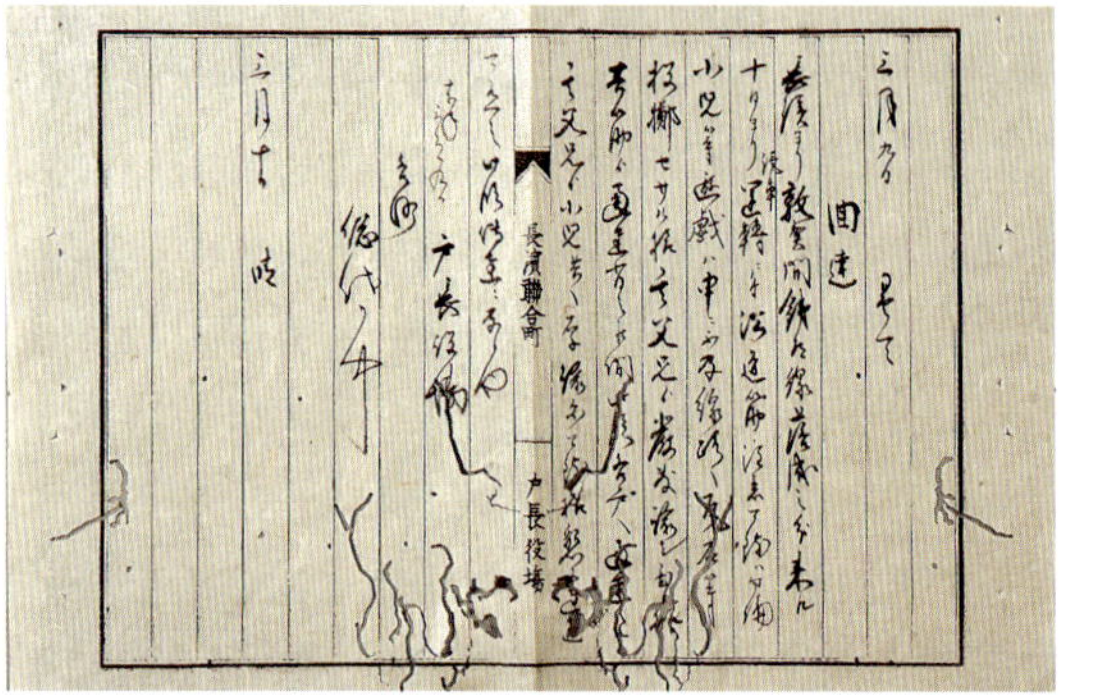

B27 鉄道線落成ニ付回達　長浜市長浜城歴史博物館蔵
明治15年（1882）3月9日、鉄道開通を翌日にひかえ、長浜聯合町戸長役場が町内総代へ「回達」を出した文書の写。

他ニ求ムベキモノナシ」と結論している。この案も、翌年四月二十四日に至って政府によって認可され、ここに水陸交通の結節点、日本の南北・東西交通の要としての長浜の地位が確定する。

工事の開始と様々な要求

明治十三年（一八八〇）四月、米原・敦賀間の鉄道敷設工事が着工する。同年四月、坂田郡長が、鉄道線路測量につき、伐採することとなる樹木の種類と員数《いんずう》を報告するよう命じている文書が、『長浜聯合《れんごう》戸《こ》長《ちょう》役場日誌』に残っている。同じく四月の「米敦間鉄道用地長浜町ニ係ル分引渡ニ付移転料等取調書上」（明と－9・70）によれば、長浜町内の線路敷地の桑木などの伐採補償費の書上がなされる。また、明治十三年七月から、滋賀県蔵文書には、長浜・敦賀間の用地買収に関わる文書が多く残っている（明と－6・2、明と－10・9）。

こうして敷設工事が続く中、駅の設置につき、地域住民から様々な願いが行われるようになる。明治十三年（一八八〇）九月九日の「河毛停車場名改称ニ付願出ニ関シ改称セザル旨説諭方」（明と－13・43）では、浅井郡山脇村（長浜市湖北町山脇）内に河毛駅が設置される予定だが、山脇村から駅名改称の願いが出された。これに対して駅名は必ずしも所在地によるものでなく、河毛駅は山脇の集落より河毛（湖北町河毛）の集落の方が近いので、駅名改称は行わない旨、鉄道局長から滋賀県令へ返答している。明治十四年（一八八一）四月二十一日の「停車場設立御願書」（明と－14・118）では、高月村に駅を設置するようにとの要望が、説明図つきでなされている。この要望は一度却下されたようだが、高月駅は鉄道開設時には設置されている。

明治十五年（一八八二）三月十日、ついに敦賀（金ヶ崎）・長浜間の鉄道が、柳ヶ瀬トンネル部分を除き開通する。長浜聯合戸長役場は、開通前日の九日、町内総代へ「回達」を出し、「小児等遊戯ハ申ニ及ばず、線路へ瓦石《がせき》等投擲《とうてき》セサル様」父兄が厳しく諭《さと》すことを指示している。長浜町としては、沿道での事故に注意を払っていたことが読み取れる。なお、鉄道開設時の停車場は、長浜～柳ヶ瀬間は、河毛（明治十九年以降、一時廃止）・高月・木之本・中之郷で、トンネル不通部分を峠越えして、洞道《どうどう》西口から刀根《とね》・麻生《あそう》口・疋田《ひきだ》・敦賀の駅が設置された。

なお、現在の虎姫駅の北にあった大寺《だいじ》駅は、明治十五年三月の開業当時には設置されなかったが、翌年の時刻表から登場、明治十八年(一八八五)の時刻表までは確認でき、明治十九年(一八八六)には河毛駅と共に一時廃止となった模様である。しかし、明治三十五年六月一日になって現在の虎姫駅が開設された。

鉄道連絡船の就航

　明治政府は、安定した輸送を全国に普及させることを考えていたが、それは鉄道網のみではなかった。元君・大久保利通は山を切り開くことが必要な陸運よりも、海運を重視する立場であった。鉄道局長を長く務めた井上勝は、鉄道を推進する立場から、これには反対であったが、琵琶湖周辺については湖上気船をもって南北両海の運輸を連絡するのが、もっとも有利なルートであると認識していた。

　井上が主導する鉄道局では、明治十四年(一八八一)四月以降、乱立する湖上交通業者と会談し、長浜・大津間の鉄道連絡船の就航を念頭において、各社の合同を提案していく。井上は大阪の実業家・藤田伝三郎と中野梧一《ごいち》に新汽船会社の設立を相談し、浅見又蔵・堀江八郎兵衛ら従来からの汽船会社の社主も加わる形で、太湖汽船会社が鉄道開設から二ヶ月遅れて、資本金五十万円で設立された。

　創業当時の太湖汽船に所属していた船舶は、金龍丸(九二トン)・遊龍丸(五八トン)、庚辰《こうしん》丸(九〇トン)・第二庚辰丸(九八トン)、長浜丸(一四一トン)、江州《ごうしゅう》丸(六四トン)、第二江州丸(九六トン)、第三江州丸(九四トン)、第四江州丸(四〇トン)、第五江州丸(三八トン)、湖上丸(四五トン)、湖幸丸(三七トン)、湖東丸(二八トン)、松室丸(五四トン)、丹頂丸(三三トン)、金亀《こんき》丸(三六トン)、盛大丸、琵琶湖丸の計一八隻であった。

　航路は主要航路となる【東部航路】は、大津~松原~米原~長浜間で、その他にも【西部航路】大津~堅田~勝野(大溝)~船木~今津~片山~塩津間、【中部航路】大津~八幡~能登川~常楽寺(安土)~長命寺間、【北部航路】長浜~今津間、松原~長浜~片山~塩津間があり、合計五航路が用意された。開業翌年の明治十六年(一八八三)には、かねて注文していた鋼鉄製蒸気船二隻が大津で組み立てを完了し、九月に進水して第一太湖《たいこ》丸(五一六トン)、第二太湖丸(四九八トン)と命名された。湖上最初

湖北を走った蒸気機関車　『写真集　長浜百年』より
明治14年(1881)に、イギリスのキットン社が製作した1800型機関車。

第一太湖丸　『写真集　長浜百年』より
我が国最初の鉄道連絡船として、明治16年(1883)に建造された鋼鉄船である。

の鋼鉄船であり、日本における鉄鋼船の魁となったものである。

明治十七年（一八八四）五月十五日には、長浜・敦賀間、長浜・大垣間の鉄道の全線開通に合わせて、神戸・三宮・大阪・敦賀・金ヶ崎・柳ヶ瀬・関ヶ原・大垣の各駅相互間で、湖上汽船をルートに入れた船車連絡切符が発売され、本格的な鉄道連絡船時代が到来した。同時に、これが日本における鉄道連絡船の嚆矢《きょうし》と言われている。

旧長浜駅舎　『写真集　長浜百年』より
明治15年（1882）の開業当時から残る建物で、日本最古の鉄道駅舎である。現在は、長浜鉄道スクエアの一施設として公開されている。

長浜駅の賑わい

明治十七年（一八八四）の段階で、長浜と敦賀間には三往復の旅客列車と、臨時を含む三往復の貨物列車が設定されていた。また、大垣からも三往復の列車が長浜駅に乗り入れた。一方、湖上交通も長浜から大津への主要航路には、鉄道と連動するように、三往復の蒸気船が動いていた。長浜駅前は、人力車が絶えず四、五台とまっており、客引きの順番を決めるための「くじ」を引いていたという。長浜に七九軒あったという旅館の内、実に三九軒が駅前に集中し、人力車四七台、運送店一五店、飛脚屋四店があった。荷物の積み下ろしに従事する仲仕業の店も、四七店あったという。

明治二十年（一八八七）二月二十一日には、明治天皇の行幸があった。朝、京都を発った天皇は、鉄道で大津に至り、大津から第二太湖丸に乗船し、昼に慶雲館で休憩の後、午後二時の鉄道で名古屋から東京へ向かった。まさに、鉄道連絡船を使っての行幸となった。しかし、鉄道連絡船の時代は、意外と早く終止符がうたれた。明治二十二年（一八八九）七月一日、かねてからの湖東地区の住民の要望がみのり、大津・米原間の湖東線が開通し、同時に東京都と京阪神間を結ぶ東海道線も全通することになった。東海道線では、米原～関ヶ原間のルートが採用されたので、長浜は米原から北へ分岐する北陸線の一駅となり、水陸交通の結節点としての地位を失うことになった。それは、駅として全盛時代を終えることを意味した。

関ヶ原線の開通へ

ここでは、長浜から関ヶ原への鉄道敷設について見てみよう。明治十五年（一八八二）五月十日、「長浜ヨリ北陸道ニ沿ヒ関ヶ原マデ鉄道敷布設ニ付長敦間同様取扱方」（明と-16・75）が出され、滋賀県から坂田・東浅井両郡役所へ、関ヶ原線敷地の買収等につき、長浜・敦賀間の鉄道と同様に処理するよう指令があった。同年五月十九日には、「坂田郡藤川村ニテ工部技手ト長浜関ヶ原間鉄道ニ係ル問答」（明と-22・51）という興味深い文書が残っており、工部技手への関ヶ原線についての質問が、滋賀県大書記官であった河田景福《かわだかげとみ》からなされ、その回答を河田が県令へ報告している。質問は架橋の数（弥高川木橋と藤子川鉄橋の二つ）、最高所（坂田郡藤川村の海抜四一八尺＝海抜一二五メートル前後）、線路敷地（三間または四間）などに及んでいる。

同年五月二十三日長浜・関ヶ原間の鉄道が着工され、同日には県令から告諭書（明と–18・3）が出されている。ここで、長浜・関ヶ原間の鉄道について、県令から鉄道敷設への協力は「国家ニ対スルノ義務」とする。明治十六年（一八八三）四月二十七日、長浜～関ヶ原間鉄道が落成し、五月一日の開業するにあたり、その時刻と運賃通知（明と–19・137）が、鉄道局の飯田工部権大《ごんだい》技《ぎ》長《ちょう》より県令へなされている。それによれば、一日三本の汽車が長浜～関ヶ原間を往復し、途中の停車場は春照《すいじょう》（米原市春照）のみにおかれた。

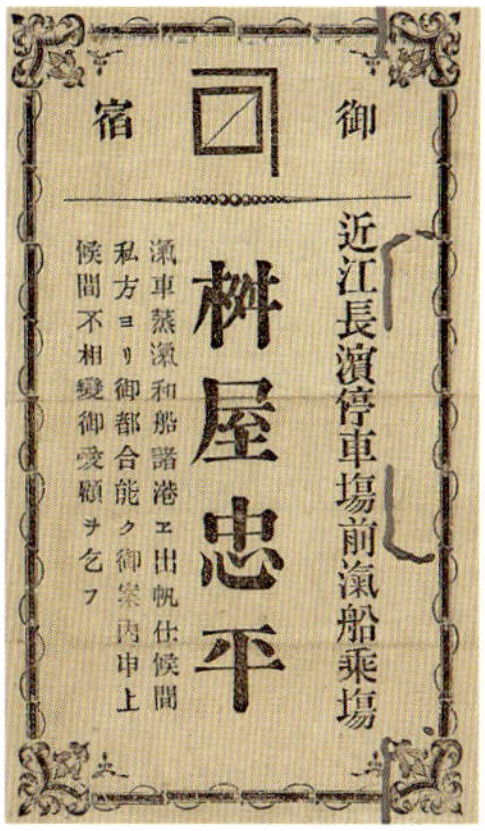
御宿
近江長濱停車場前滊船乗場
枡屋忠平
滊車蒸滊和船諸港エ出帆仕候間私方ヨリ御都合能ク御案内申上候間不相變御愛顧ヲ乞フ

（表）

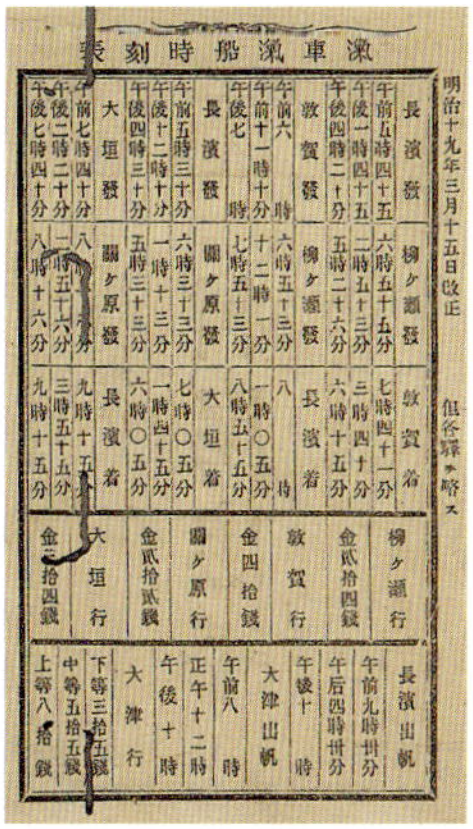
滊車滊船時刻表
明治十九年三月十五日改正　但各驛ハ略ス

長濱發	柳ヶ瀬發	敦賀着
午前五時四十五	六時五十五分	七時四十一分
午後一時四十五	二時五十三分	三時四十分
午後四時二十分	五時二十六分	六時十五分

敦賀發	柳ヶ瀬發	長濱着
午前六時	六時五十三分	八時
午前十一時十分	十二時一分	一時〇五分
午後七時	七時五十三分	八時五十五分

長濱發	關ヶ原發	大垣着
午前五時三十分	六時三十三分	七時〇五分
午後十二時十分	一時十三分	一時四十五分
午後四時三十分	五時三十三分	六時〇五分

大垣發	關ヶ原發	長濱着
午前七時四十分	八[illegible]分	九時十五分
午後二時二十分	二時五十六分	三時五十五分
午後七時四十分	八時十六分	九時十五分

柳ヶ瀬行	敦賀行	關ヶ原行	大垣行
金貳拾四錢	金四拾錢	金貳拾貳錢	金[illegible]拾四錢

長濱出帆	大津出帆	大津行
午前九時卅分	午前八時	下等三拾五錢
午后四時卅分	正午十二時	中等五拾五錢
午後十時	午後十時	上等八拾錢

（裏）

B46 汽車汽船時刻表　物流博物館蔵（吉田長蔵旧蔵資料）
明治十九（一八八六）三月十五日の長浜駅・湊の時刻表。長浜駅前で宿屋を経営していた枡屋忠平のチラシの裏面に印刷されている。長浜～敦賀、長浜～大垣（以上、汽車）、長浜～大津（汽船）、いずれも日に三便が運行されていた。

駅設置をめぐる願書

敦賀への鉄道が開設されてから半年余りが経過した、明治十五年（一八八二）十月十日、「鉄道線停車場設立之義ニ付願書」（明と–17・184）が伊香郡井ノ口村・東物部《ひがしものべ》村（長浜市高月町井口《いのくち》・東物部）から滋賀県へ提出され、井口駅設置が要求されている。すでに、本件については、前年四月十九日にも、井ノ口村の馬場十兵衛が個人で出願しており、同じく七月十日に、伊香郡内三十余村でも、井口村は「四方大道ニテ北国海道片山畷《なわて》ニ沿ヒ当郡内第一等便用ノ地所」として出願がなされていた。井口駅設置は、当初鉄道局には受け入れられなかったが、明治十七年（一八八四）七月十一日に至り、停車場を高月村から井ノ口村へ移設せよとの伊香郡長の採許（明と–21・143–2）が、滋賀県地理課長宛に提出されている。

明治十八（一八八五）一月二十三日、「伊香郡井口村及坂田郡上坂《こうざか》村辺へ仮停車場之件照会、回答」（明と–22・4）が出され、鉄道局より滋賀県令へ、来る三月一日より関ヶ原線の西上坂駅と共に、井口駅を仮に設置することを通知している。ただし、高月駅の廃止は見送られた模様だ。結局、地元の要望が、鉄道局や県を動かし、駅設置が実現することになる。この井口駅の誘致問題は、伊香郡南部における地域内の主導権をめぐる駆け引きが根底にあったとも推測される。なお、一度開設された井口駅だが、程なく廃止となっている（廃止年次不詳、明治二十二年までは存続が確認できる）。

一方、関ヶ原線をめぐっても、明治十五（一八八二）十一月二十八日に、「蒸気車乗場御願書」（明と–17・233）が提出されるが、これは坂田郡藤川村（現在の米原市藤川）から駅設置の願いであった。明治十六年（一八八三）四月七日の「御願書」（明と–19・131）では、長浜三ツ矢町内字日吉町に停車場を設置してほしい旨の願書が、長浜町北部の一〇町や周辺一五ヶ村、それに長浜町聯合戸長から滋賀県宛に出される。長浜町北部においては、長浜駅は少々距離があるので、敦賀線から関ヶ原線が分岐する日吉町付近に、駅をもう一つ設置してほしいとの要望であったが、認可されていない。

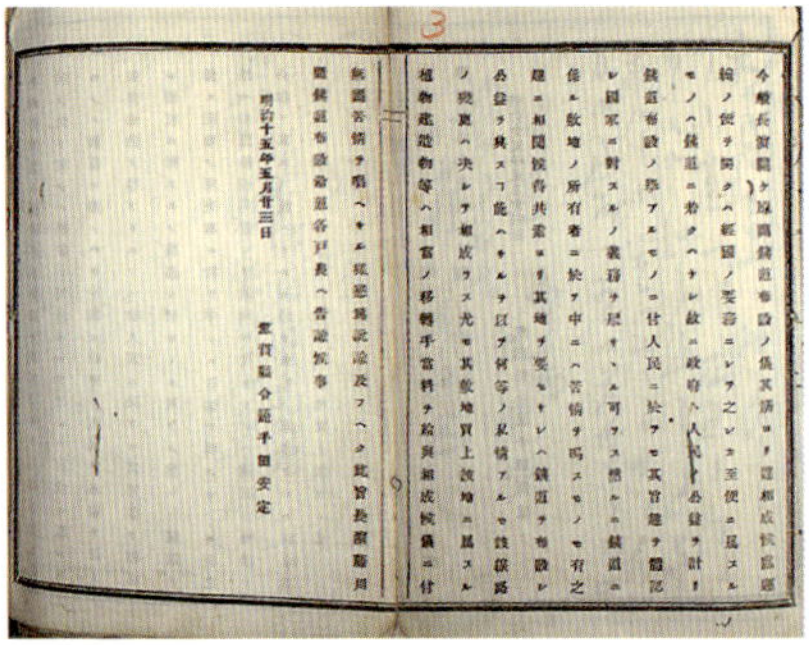

B21 長浜関ヶ原鉄道布設告諭書　滋賀県蔵文書

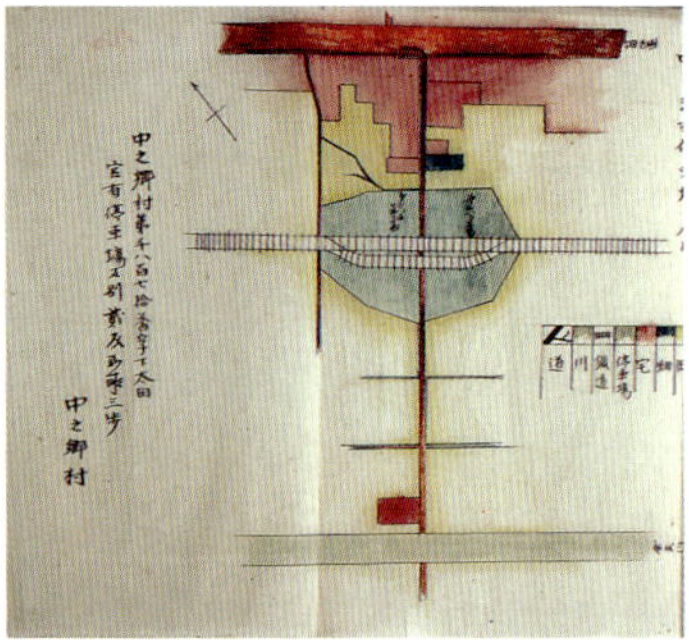

B18 中之郷村停車場略図　滋賀県蔵文書

同年七月四日の「意見具申」（明と－19・195）では、関ヶ原線の長浜・春照間の東上坂付近に駅増設を、滋賀県令代理が鉄道局長宛てに行っている。同年十月二日の「停車場設置願ニ対シ意見申牒《しんちょう》」（明と－21・149）では、浅井郡三田村（現在の長浜市三田町）の個人から提出された東上坂村の隣村・西上坂村へ駅設置を要望する建白書を、坂田郡長が滋賀県令に進達している。明治十八年（一八八五）一月二十三日の「伊香郡井口村及坂田郡上坂村辺へ仮停車場之件照会、回答」（明と－22－4）で、鉄道局より滋賀県令へ、三月一日に西上坂駅を仮設することを通知している。駅設置要望の多さは、地域住民の鉄道に対する期待の大きさを物語っている。

　駅周辺の整備をめぐる願いも行われる。明治十六年（一八八三）七月二十三日、「新道開設ノ儀ニ付御願書」（明と－20・2－5）によれば、春照宿市街地から関ヶ原線の春照村停車場まで新道開設の願書が、春照村より県令へ提出されている。これは、実際に開設され、現在も全長二八五間（約五〇〇メートル）の「ステンショ道」として活用されている。また、明治十七年（一八八四）十二月二十二日の「太湖汽船栈橋《さんばし》架設願《ねがい》出《で》支障なきか照会」（明と－21・158－2）では、太湖汽船会社よりの敷地内栈橋架設について、鉄道局長が許可を出しており、連絡線の港湾の整備も着実に進んでいった。

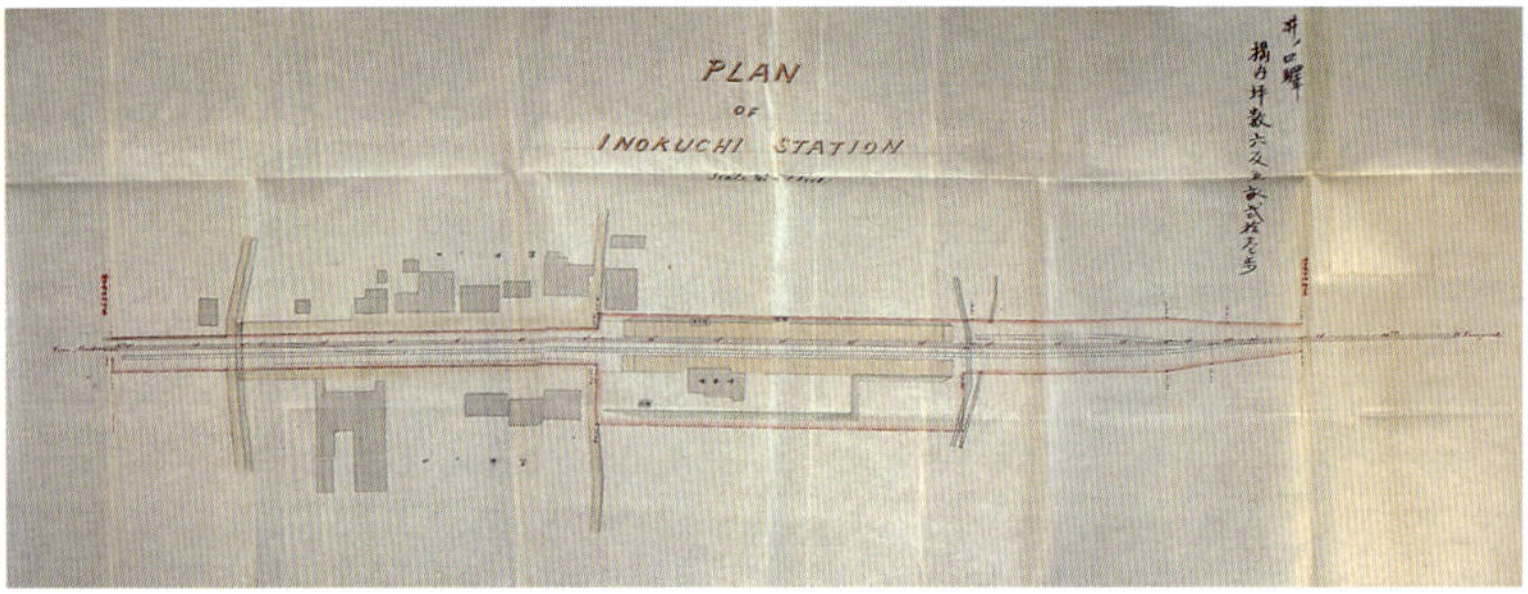

井ノ口駅構内図　滋賀県蔵文書

伊香郡井口村（長浜市高月町井口）に設置された井ノ口構内図。明治 18 年（1885）3 月 1 日に開業したが、まもなく廃止となった。三ツ矢駅とも呼ばれた。

鉄道網の発展と関ヶ原線の廃止

　明治十七年（一八八四）三月十六日、柳ヶ瀬トンネルが完成する。同年四月十六日には、長浜・敦賀（金ヶ崎）間が全通することになった。さらに、同年五月二十五日、関ヶ原から大垣までの鉄道延伸があり、さらに明治二十年（一八八七）四月、木曽川から名古屋までの延伸がなった。明治二十一年（一八八八）一月十一日には、長浜～大津間の鉄道が着工された。その結果、明治二十二年（一八八九）七月一日、米原～大津間の鉄道が開通し、東海道線の全通がなる。あわせて、長浜・米原間に新たな路線（後の北陸線）が開通する。

明治二十三年（一八九〇）四月、東海道線の米原～関ヶ原間への移行により、貨物専用線となった長浜～関ヶ原間の鉄道に、防雪用のトンネルが設けられる。東上坂町の地先、姉川南岸と龍《たつ》ヶ鼻《はな》の間に設置された龍ヶ鼻トンネルである。明治二十四年（一八九一）一月二十四日、長浜～関ヶ原間の貨物専用線と東海道線（米原～関ヶ原間）の合流地点に深谷《ふかたに》貨物駅が新設されたが、明治二十九年（一八九六）十一月、長浜～深谷間の貨物輸送が休止となる。

その後、明治三十二年（一八九九）十二月二十八日、東海道線が深谷経由から柏原経由につけ替えられたのを受けて、長浜～関ヶ原間の線路は、廃線となる。その結果、明治三十三年（一九〇〇）八月十七日、滋賀県は長浜～関ヶ原間の廃線路を国道へ移管するよう内務省に申請し許可を得た。この後、廃線路となった鉄道敷地の内、長浜町北部と上坂の間に乗合馬車が運行され、「馬車道」と呼ばれるようになる。「馬車道」の名は、現在も市民にとって慣れ親しんだ名称であり、長浜における交通史の一端を物語っている。

賑わう長浜湊　『行幸二十五年　慶雲館建碑式記念写真帖』より
明治45年（1912）に、明治天皇の行幸25年を記念して石碑が建立された。この写真は、その記念として作成された写真帖に掲載された建碑式当日の長浜湊の情景。

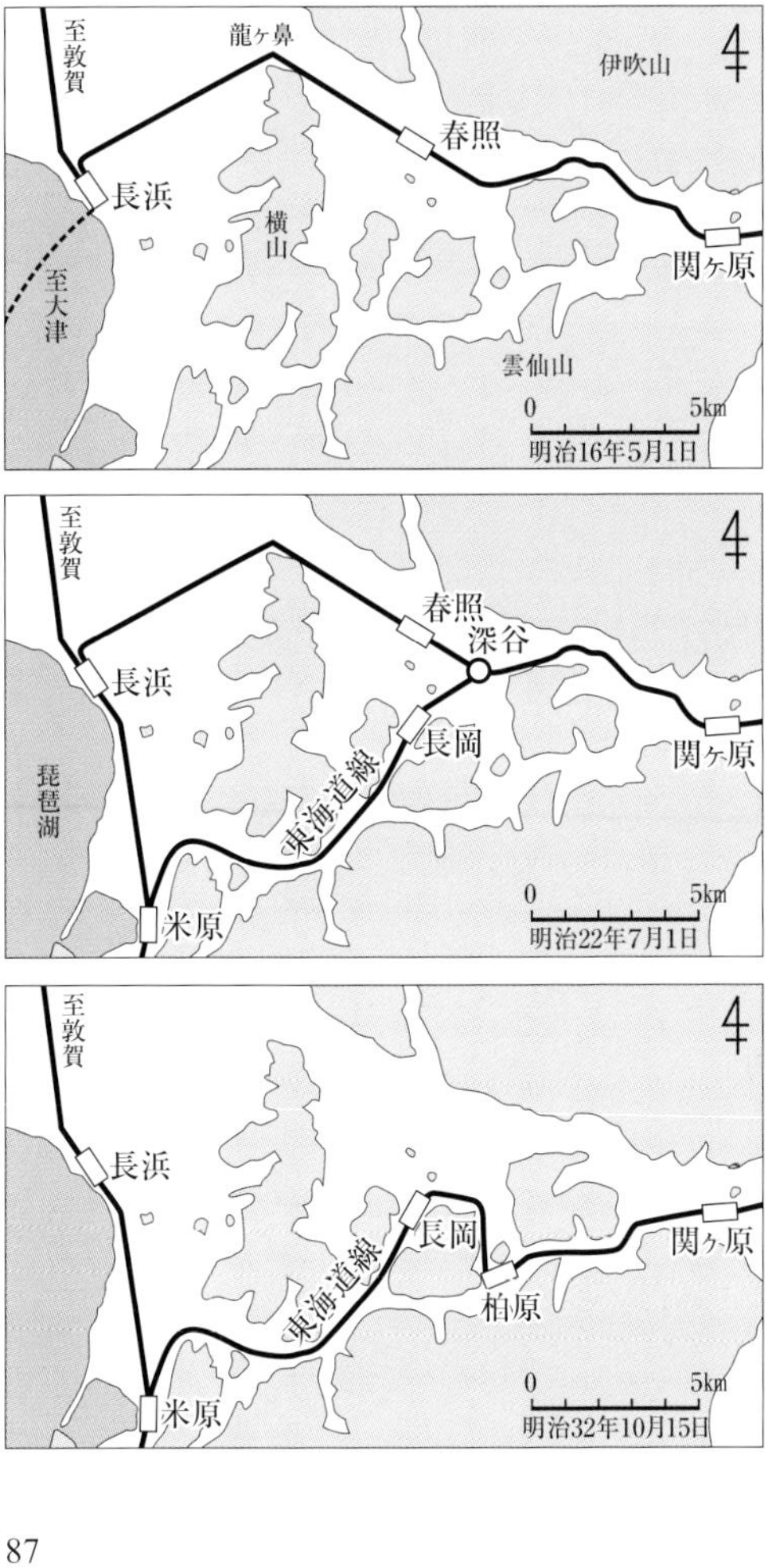

長浜～関ヶ原間鉄道経路の変遷　『長浜市史』4より

汽船会社と運送店が残した史料

福井智英

蒸気船の登場

近代に入り、琵琶湖の湖上交通の様相は大きく変貌した。明治二年（一八六九）三月の木造蒸気船「一番丸」の登場である。加賀国大聖寺藩士の石川《いしかわ》嶂《たかし》が大津百艘仲間の一庭啓二《いちばけいじ》と共に、長崎で造船技術を学び大津で建造したもので、その名に相応しく、琵琶湖に就航した初めての蒸気船であった。これを機に、琵琶湖は汽船ブームとなり、沿湖諸港でもつぎつぎと汽船が建造されていった。長浜も例外ではなく、明治四年（一八七一）十一月に小船《こぶな》町の尾板六郎が蒸気船を購入、翌年から「湖龍丸」として、大津～長浜間を就航した。その後も、「長運丸」や「湖東丸」が建造されている。

こうした汽船と汽船会社の急増は、やがて貨客の争奪やスピード競争、過重積載などの弊害を生み、痛ましい事故が続発した。さらに明治十三年（一八八〇）、大津～京都間の鉄道が開通し、間もなく長浜～敦賀間も開通（明治十七年全通）するとあって、長浜と大津を結ぶ「鉄道連絡船」営業の権利獲得競争が激しくなる。

こうした動きを収拾すべく、明治十五年（一八八二）に「太湖《たいこ》汽船会社」が、明治十九年（一八八六）に「湖南汽船会社」が設立され、本格的な汽船の時代を迎えることとなった。

長浜では、明治十五年（一八八二）の敦賀～長浜間の鉄道敷設および長浜駅（長浜停車場）の開業とともに、湖上交通の隆盛期を迎える。すなわち、鉄道と汽船を結ぶ交通の結節点として重要な役割が課せられた。長浜駅前には旅店や運送店、飛脚屋等が軒を連ね、鉄道と鉄道連絡船のまちとして大いに賑わった。

B14湖水蒸気船　金亀丸之図
長浜市長浜城歴史博物館蔵
明治三年（一八七〇）に建造された「金亀丸（木造一八トン）」の錦絵。船主は米原の宮川庄三郎で、琵琶湖で三番目に就航した蒸気船として大津～米原間を運航。旧彦根藩の奨励補助で建造されたため、船名は彦根城の別称金亀城から命名された。本図には、黒煙を吐き、揚々と湖水を進む姿が描かれ、新しい汽船時代の到来を感じさせる。

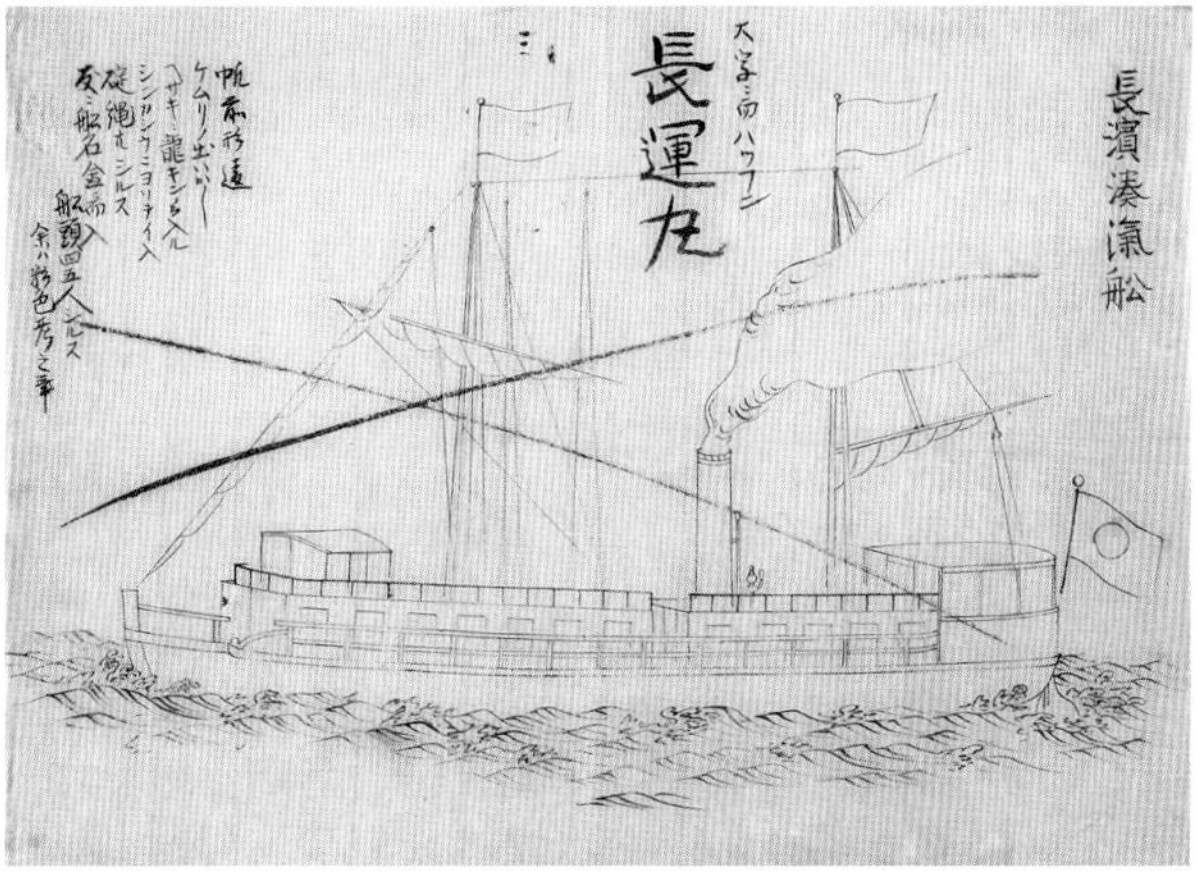

B7 汽船長運丸之図下絵
長浜市長浜城歴史博物館蔵（中村ヨシ氏寄贈資料）

明治６年（1873）に長浜で建造された「長運丸（木造８トン）」の図。船主は長浜小船町の尾板六郎。明治７年11月１日に唐崎沖で沈没、これが琵琶湖で最初の汽船事故であった。当時、新しい蒸気船が就航するたびに、その華麗な姿は美しい錦絵として出版された。本図はその錦絵の下図で、彩色・清書にあたっての様々な指示が書き加えられている。

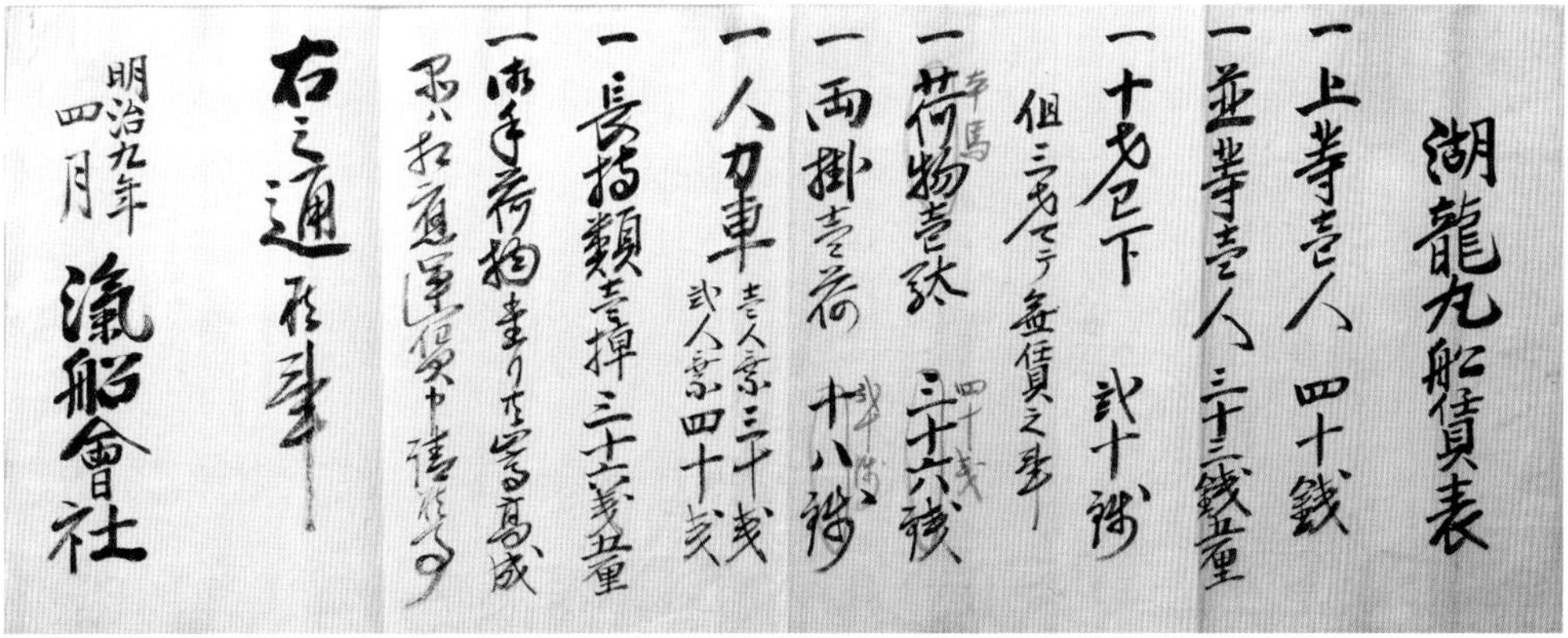

湖龍丸船賃表　長浜市長浜城歴史博物館蔵（中村ヨシ氏寄贈資料）

明治５年（1872）に長浜小船町の尾板六郎が買い受けた蒸気船「湖龍丸」の長浜〜大津間の運賃表である。上等一人40銭、並等一人33銭５厘、10歳以下20銭（ただし３歳まで無料）、とある。また、荷物（朱で「本馬」と訂正）１駄36銭（朱で「40銭」と訂正）、人力車一人乗30銭、二人乗40銭、長持類一棹36銭５厘など、細かく規定されている。

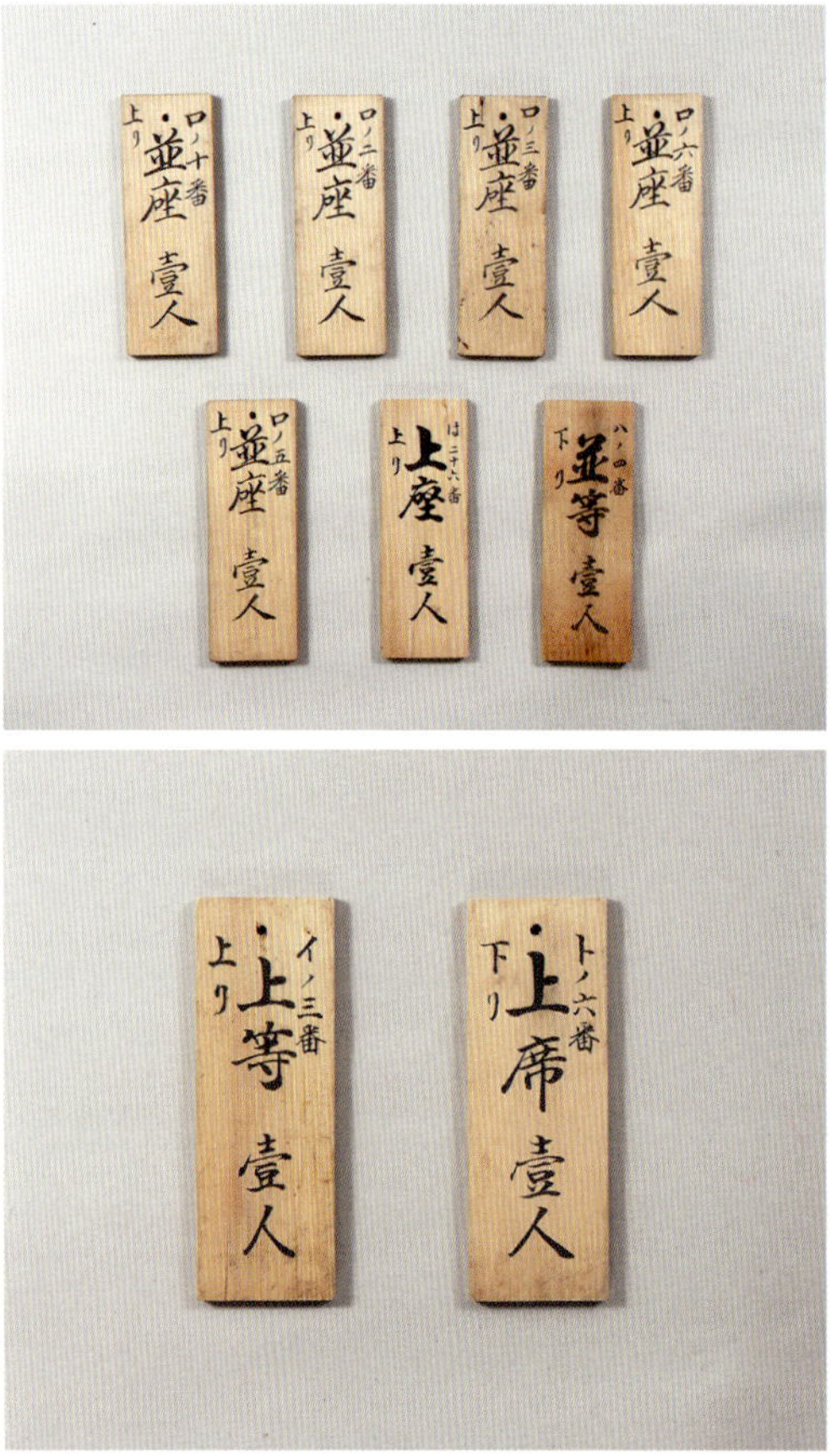

（裏）

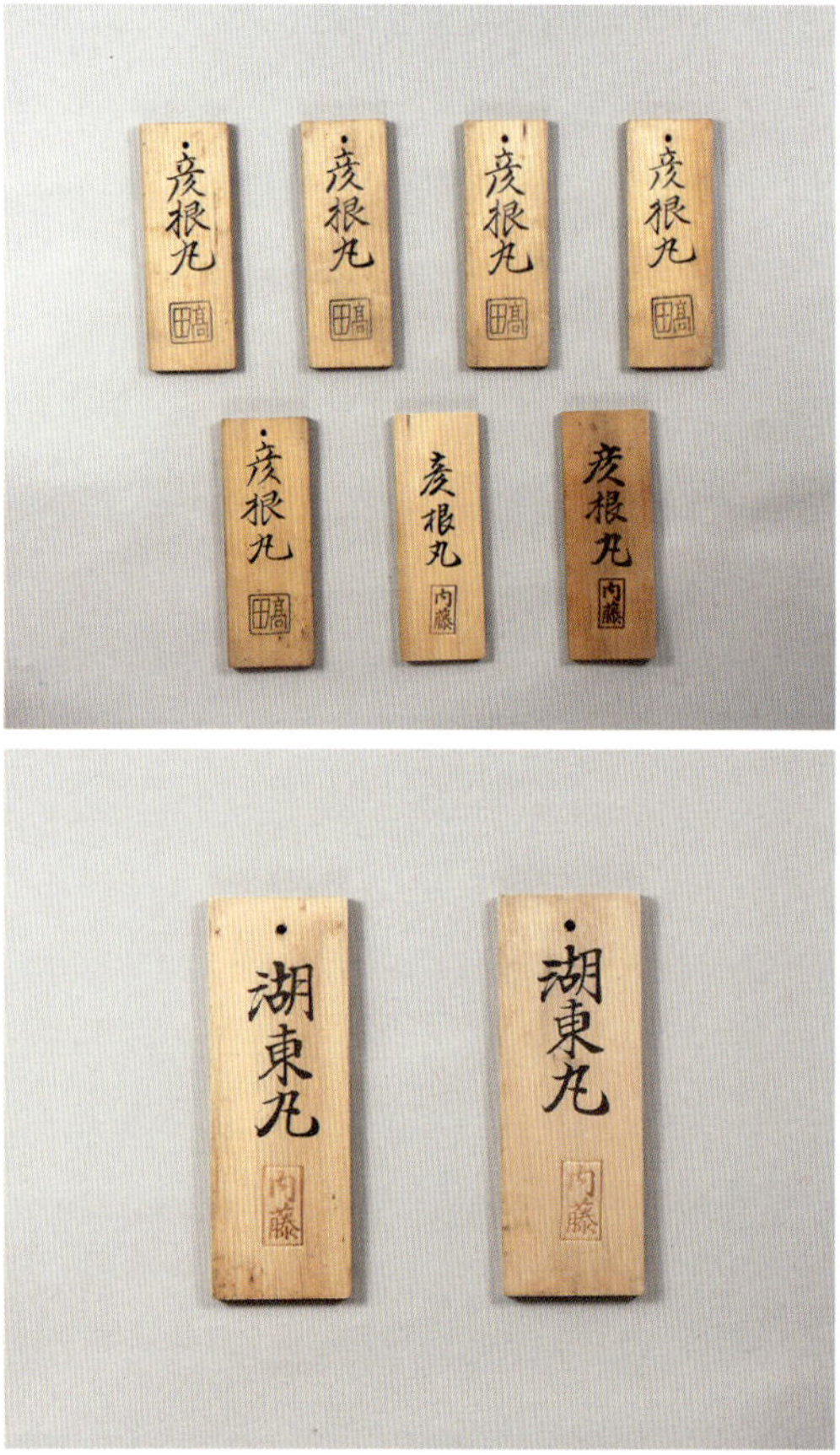

（表）

B15 乗船札　長浜市長浜城歴史博物館蔵（中村ヨシ氏寄贈資料）

乗船札は「鑑札」とも呼ばれ、今でいう汽船の乗船切符のこと。木製のものや紙製のものがある。初期のものとして、長浜所属の「湖龍丸」と「長運丸」の船名が入ったものが現存し、乗客については「上座」「並座」「半人」、荷については「壱荷」「半荷」などの区別があった。「湖東丸」と「彦根丸」については、木製の乗船札が残されている。

B31 〜 B38 吉田運送店で使用していた印　物流博物館蔵（吉田長蔵氏旧蔵資料）

左側から　①滋賀県運送業副取締人吉田長作　②鉄道運送会社長浜代理店吉田長作　③内国通運株式会社長浜取扱店吉田清吉　④長浜通吉田　⑤長浜近江水陸運送会社　⑥長浜町運送業組合章　⑦長浜駅駅伝取締所　⑧滋賀県運送業取締長浜出張所

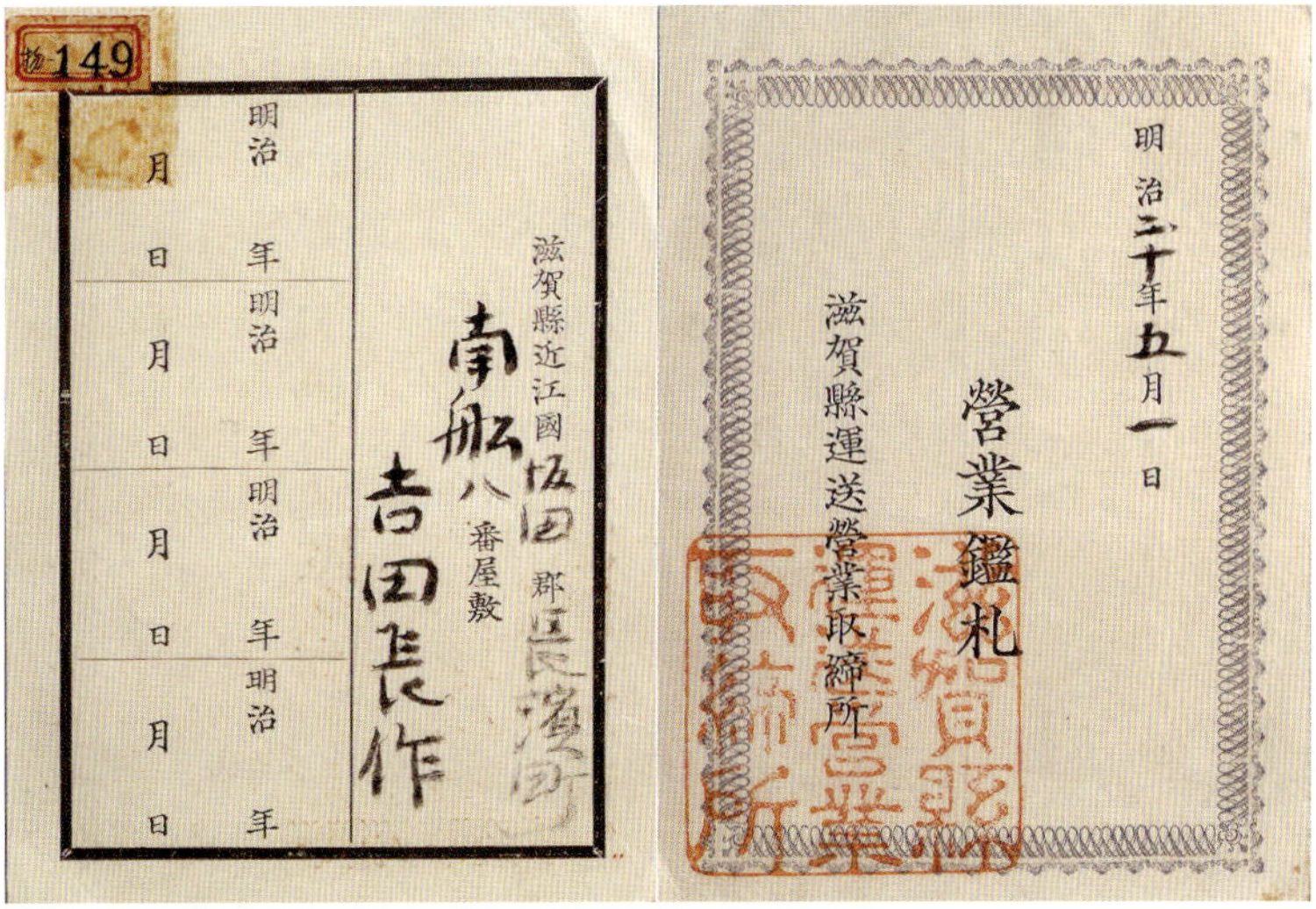

明治二十年五月一日
營業鑑札
滋賀縣運送營業取締所

物149
滋賀縣近江國坂田郡長濱町
南船町八番屋敷
吉田長作

明治　年　月　日
明治　年　月　日
明治　年　月　日
明治　年　月　日

B43 営業鑑札（表・裏）
物流博物館蔵（吉田長蔵氏旧蔵資料）
明治二十年（一八八七）五月一日、滋賀県運送営業取締所が発行した吉田長作の営業鑑札。

運送店の繁栄

鉄道の敷設と鉄道連絡船の運航に伴い、長浜駅や長浜港の周辺は、交通の拠点にふさわしい賑わいを見せる。東海道・北陸方面継送の要路として、県下一円の物貨が集まり、それらを輸送する運送店や旅店が数多く軒を並べた。

なかでも吉田運送店は比較的規模の大きな運送店であったと思われる。店主の吉田長作は、明治十年（一八七七）に長浜町民有志を代表して、長浜停車場の市内設置を請願した人物として知られる。吉田運送店は、長浜駅の開業後は内国通運会社の分社となっている。また、明治二十年（一八八七）認可の滋賀県運送業組合の設立にも携わり、同二十四年（一八九一）まで滋賀県運送業取締長浜出張所（第七区）の副取締人を務めた。

B29 三組盃　物流博物館蔵（吉田長蔵氏旧蔵資料）

九谷焼の三組盃。吉田運送店が内国通運株式会社の分社となった記念に作られたものと考えられる。盃の表面には「E通E」のマークが、裏面には「内国通運株式会社　長浜代理店」と記される。

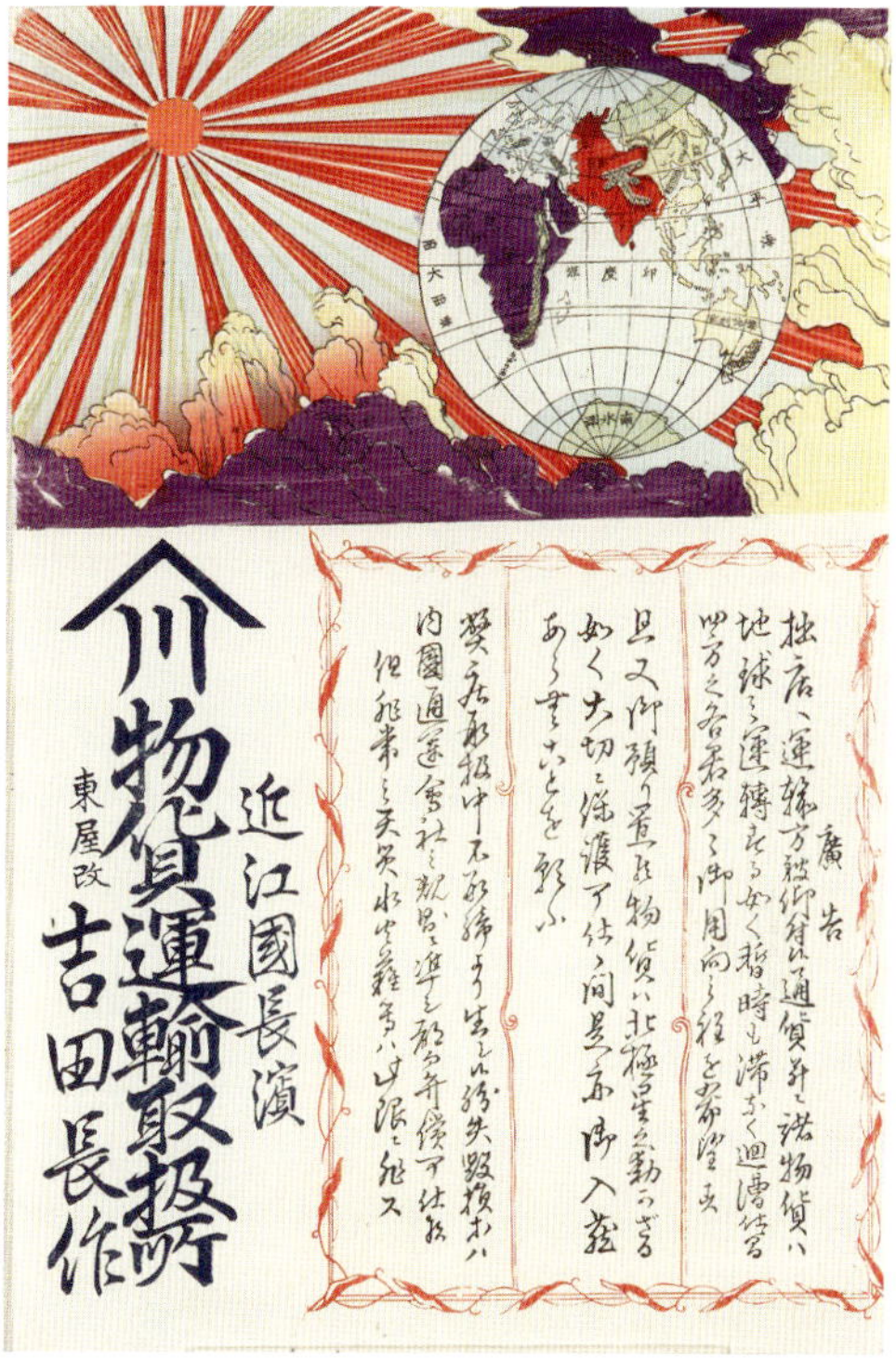

B59吉田長作引き札

長浜市長浜城歴史博物館蔵（片桐清七コレクション）

物貨運輸取扱所吉田運送店の引き札。球形に描かれた世界地図の絵柄とともに、「地球の運転する如く暫時も滞なく廻漕」し、「御預り置候物貨は北極星の動かざる如く大切に保護」するとの広告文が掲載されている。

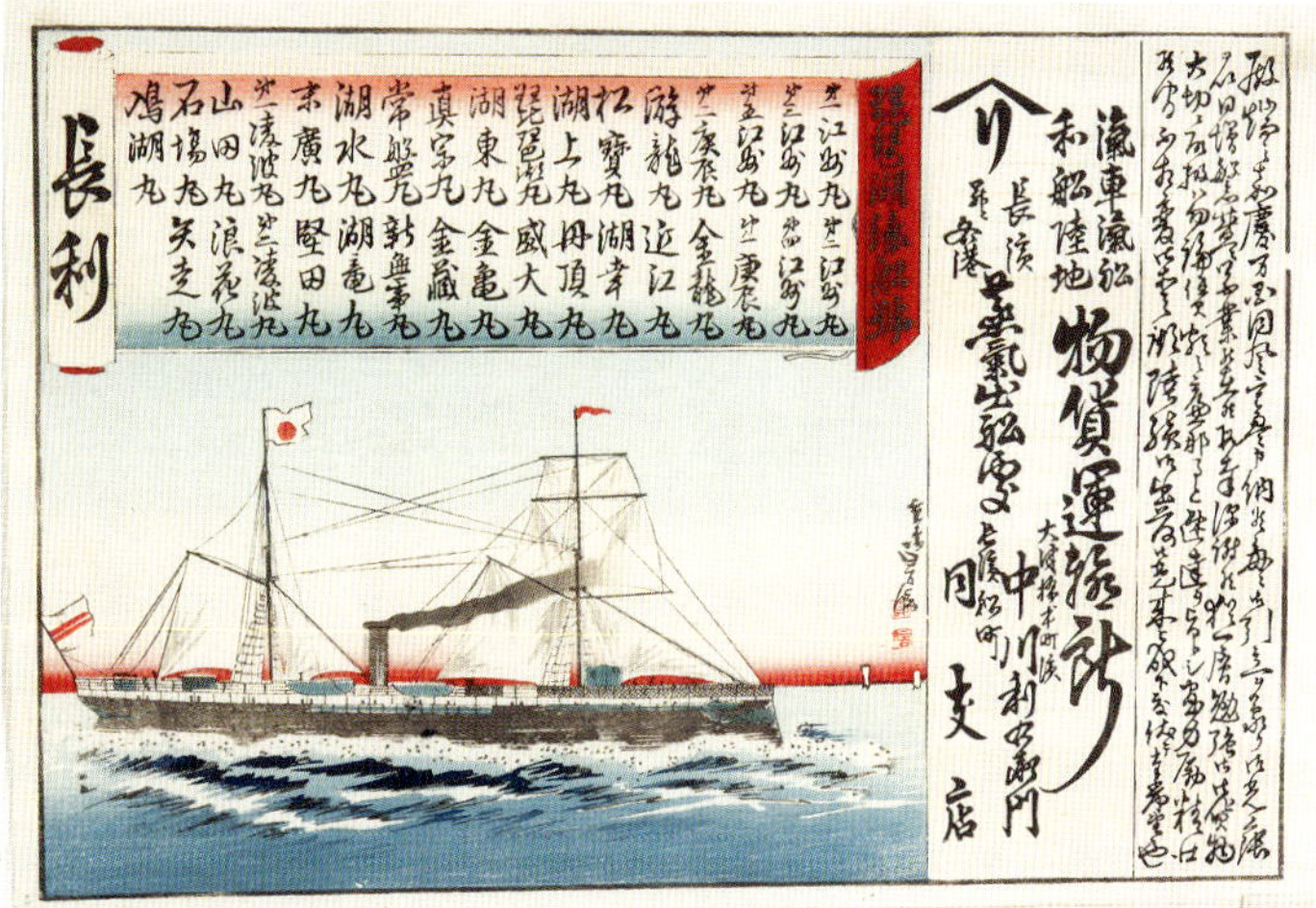

B66中川利右衛門引き札

長浜市長浜城歴史博物館蔵（片桐清七コレクション）

大津橋本町（現大津市浜大津）にあった物貨運搬所・中川運送店の引き札。汽車・汽船・和船などすべての貨物運搬を担っていた。大津～長浜間を結ぶ汽船の出港地として、長浜船町にも同支店が置かれていたことがわかる。黒煙を吐きながら揚々と進む汽船の姿と共に、「琵琶湖汽船號」として、琵琶湖を就航していた各蒸気船の名前が挙げられている。これらの船名から明治二十七年（一八九四）頃に発行された引き札と考えられる。

B57・B58 カンテラ（赤・緑） 物流博物館蔵（中島静信氏旧蔵資料）

塩津の運送店に伝わるカンテラ（舷灯）。緑のカンテラには「滋賀県免許人橋本米太郎」の名入れがある。

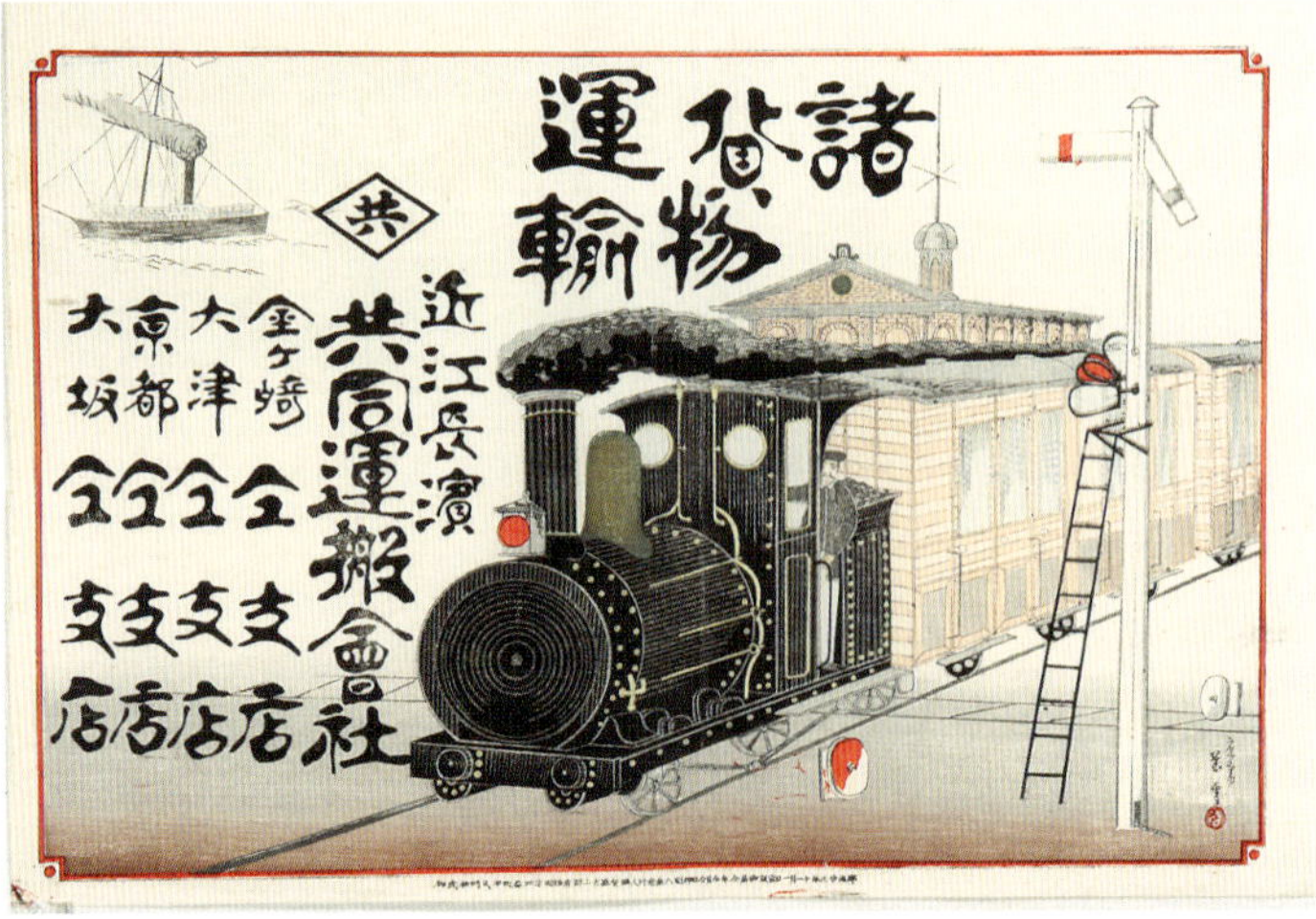

B60 共同運搬会社引き札
長浜市長浜城歴史博物館蔵（片桐清七コレクション）

「諸貨物運輸」と見える引き札。共同運搬会社は、明治十五年（一八八二）の北陸線開業と同時に設立された会社である。引き札には大津・京都・大坂、そして敦賀の金ヶ崎に支店を持つことが記されている。黒煙を吐く蒸気機関車と蒸気船の姿が描かれる。明治二十三年（一八九〇）発行。

今津港に入港する京阪丸　撮影時期不明　琵琶湖汽船株式会社提供

太湖汽船の豪華船みどり丸に対抗して、湖南汽船と京阪電鉄が建造した純遊覧船。総トン数は 342.88 トンとみどり丸にやや劣るものの、速力は 13.5 ノットとみどり丸を 1.5 ノット上回る琵琶湖最速の観光船として昭和 3 年 (1928) に就航した。

みどり丸　撮影時期不明　琵琶湖汽船株式会社提供

大正 11 年（1922）、太湖汽船が建造した琵琶湖初の純遊覧船。総トン数 45 トンの当時最大級の巨船であった。その大きさだけではなく豪華な内装も評判を呼び、琵琶湖観光の本格的な幕開けを告げる船となった。

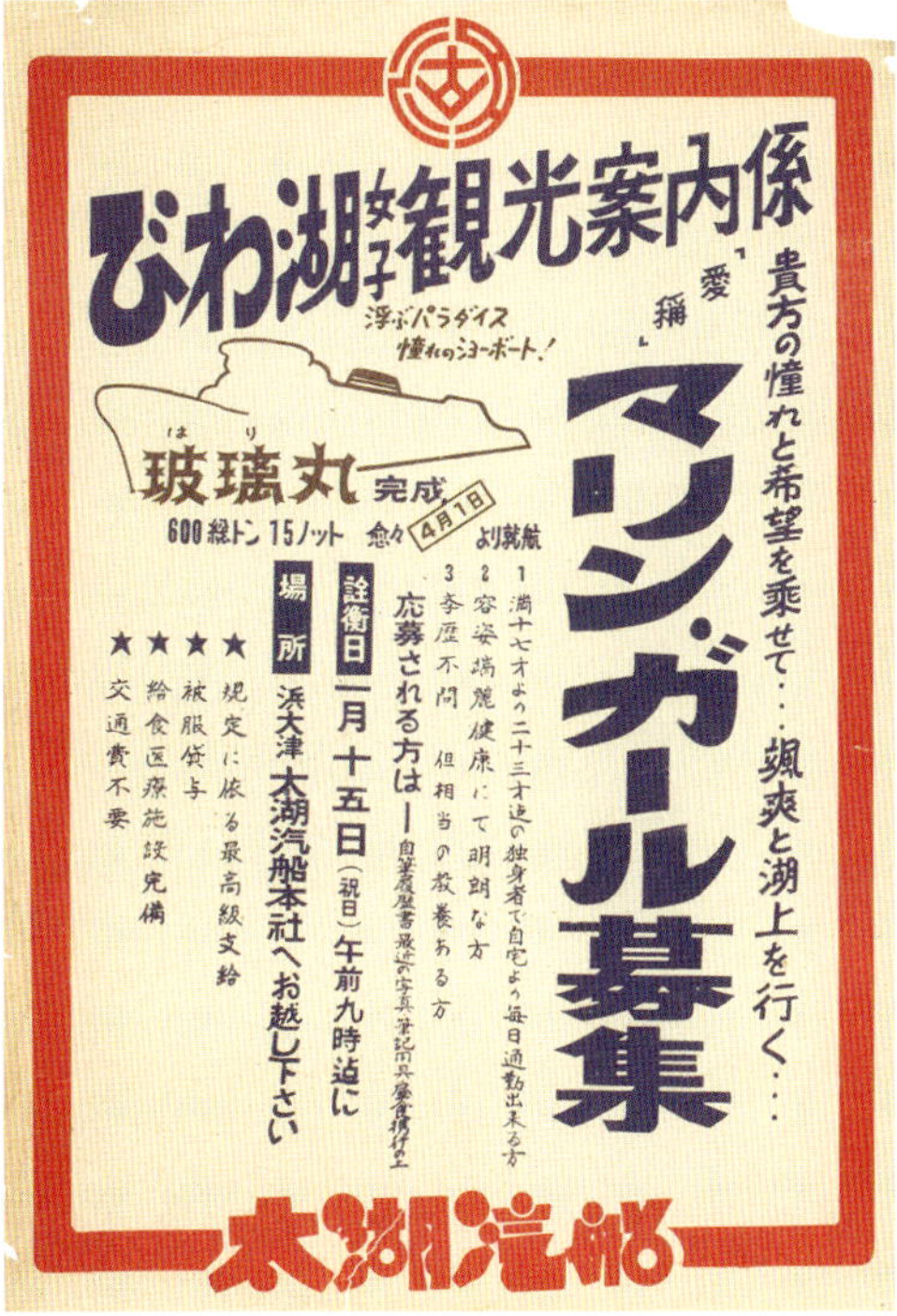

マリンガール募集ポスター 昭和26年
琵琶湖汽船株式会社蔵

豪華客船玻璃丸が、昭和26年（1951）4月就航するのに先立ち、船内サービスを行う従業員（マリンガール）を募集した際のポスター。就航に向けての準備が着々と進められていた。

スキー船ポスター 昭和初年 琵琶湖汽船株式会社蔵

昭和4年（1929）、提携間もない太湖汽船と京阪電鉄が開発したマキノスキー場へ、スキー客を運ぶスキー船が就航した。深夜に大津を出港し、早朝にスキー場に到着するスキー船は、若い男女が公然と同室で横になれるという、思わぬ人気も呼んだ。

A47 玻璃丸就航ポスター 昭和 26 年
琵琶湖汽船株式会社蔵

戦後の低迷からの復活を図るべく建造された玻璃丸の就航ポスターである。バラの花束に囲まれたこのポスターは、全国の津々浦々にまで配布され、琵琶湖観光の名を大いに高めることとなった。

A47 国定公園名入りポスター 昭和 25 年頃
琵琶湖汽船株式会社蔵

昭和 25 年（1950）、琵琶湖及びその周辺地区の一部が、国定公園の第 1 号として指定された。本来は、保護規制が強いが格としては上位の国立公園を目指していたが、開発との調整により国定公園による保護の道が選ばれた。しかし、琵琶湖観光にとっては大きな画期として捉えられ、玻璃丸の建造へと繋がる。

A47 ミシガンショーボートポスター　昭和 57 年
琵琶湖汽船株式会社蔵

外輪船ミシガンのコンセプトは、「琵琶湖に浮かぶ外国」であった。このポスターは、不夜城のように浮かぶミシガンに、チャーミングな外国人女性を配し、当時のミシガンのコンセプトをインパクトをもって表現している。

A47 玻璃丸ショーボート　昭和 26 年頃
琵琶湖汽船株式会社蔵

玻璃丸の就航当初から、昼は竹生島航路、夜は「たそがれショーボート」として、全船にイルミネーションを施し就航し、美空ひばりをはじめとして当時一流の芸能人が続々と登場し人気を博した。まさに、異世界の演出である。

進水式　滋賀県立びわ湖フローティングスクール提供

２階・３階・４階は、船の重さを軽くするために、アルミニウム合金が使われている。また、琵琶湖総合開発特別措置法による開発に対応するため、満載喫水は１ｍとなっている。

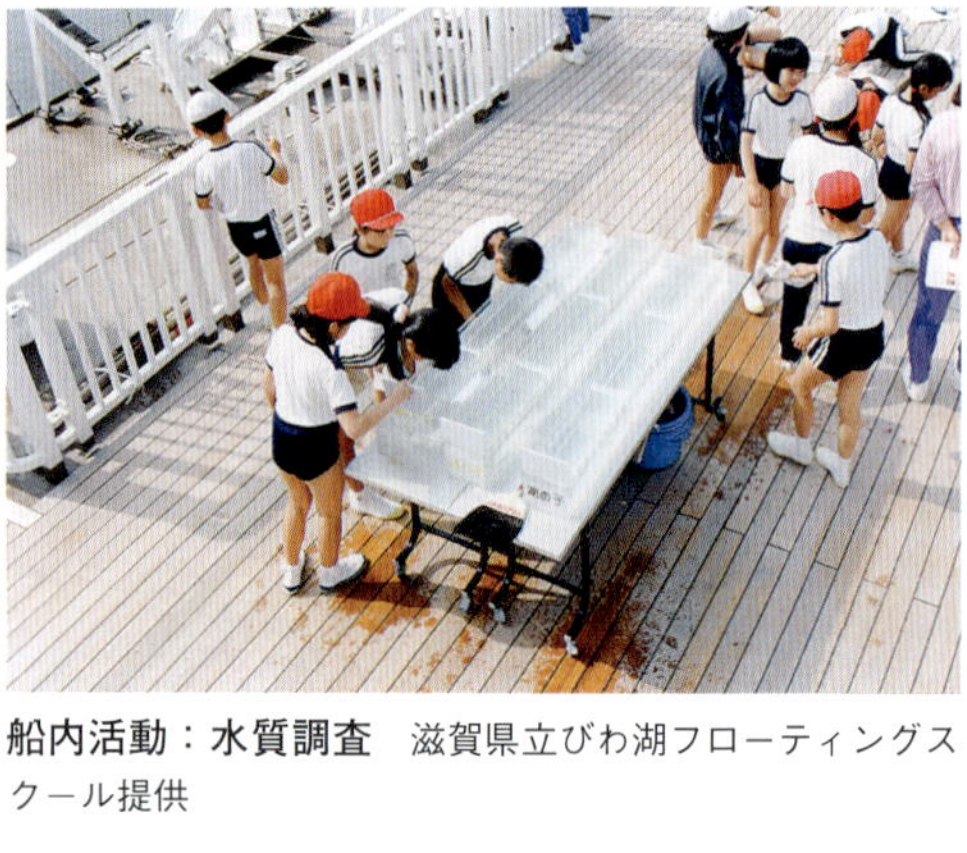

船内活動：水質調査　滋賀県立びわ湖フローティングスクール提供

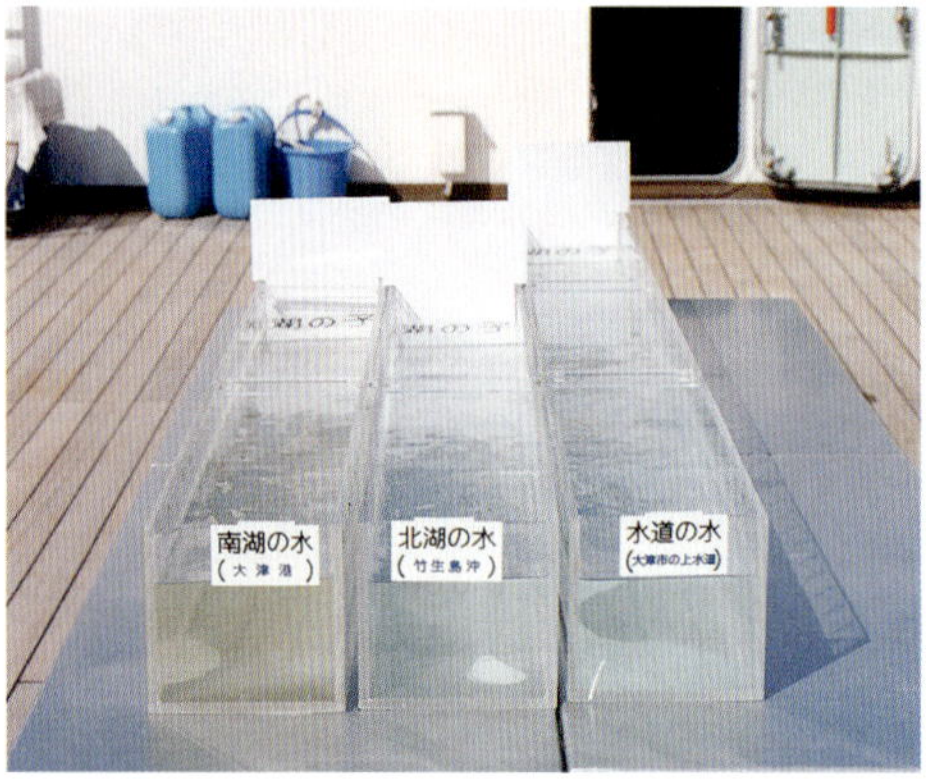

A72 水質調査の水槽　滋賀県立びわ湖フローティングスクール提供

郷土への理解や対人・協調関係を養う「ふれあい体験学習」や、水質調査など琵琶湖の環境を主なテーマとした「びわ湖環境学習」を行っている。

THE GALILEE MARU
GOSPEL LAUNCH OF THE OMI MISSION, HACHIMAN, OMI, JAPAN.

ガリラヤ丸（初代）　公益財団法人近江兄弟社提供

近江ミッション旗を掲げ、湖上をゆくガリラヤ丸の雄姿。後方には丸子船が見え、当時の琵琶湖上の景色を彷彿させる。これは船体側面中央に突起部（リム）がない、初代ガリラヤ丸。

琵琶湖観光と船
～異世界への誘《いざな》い～

大沼芳幸

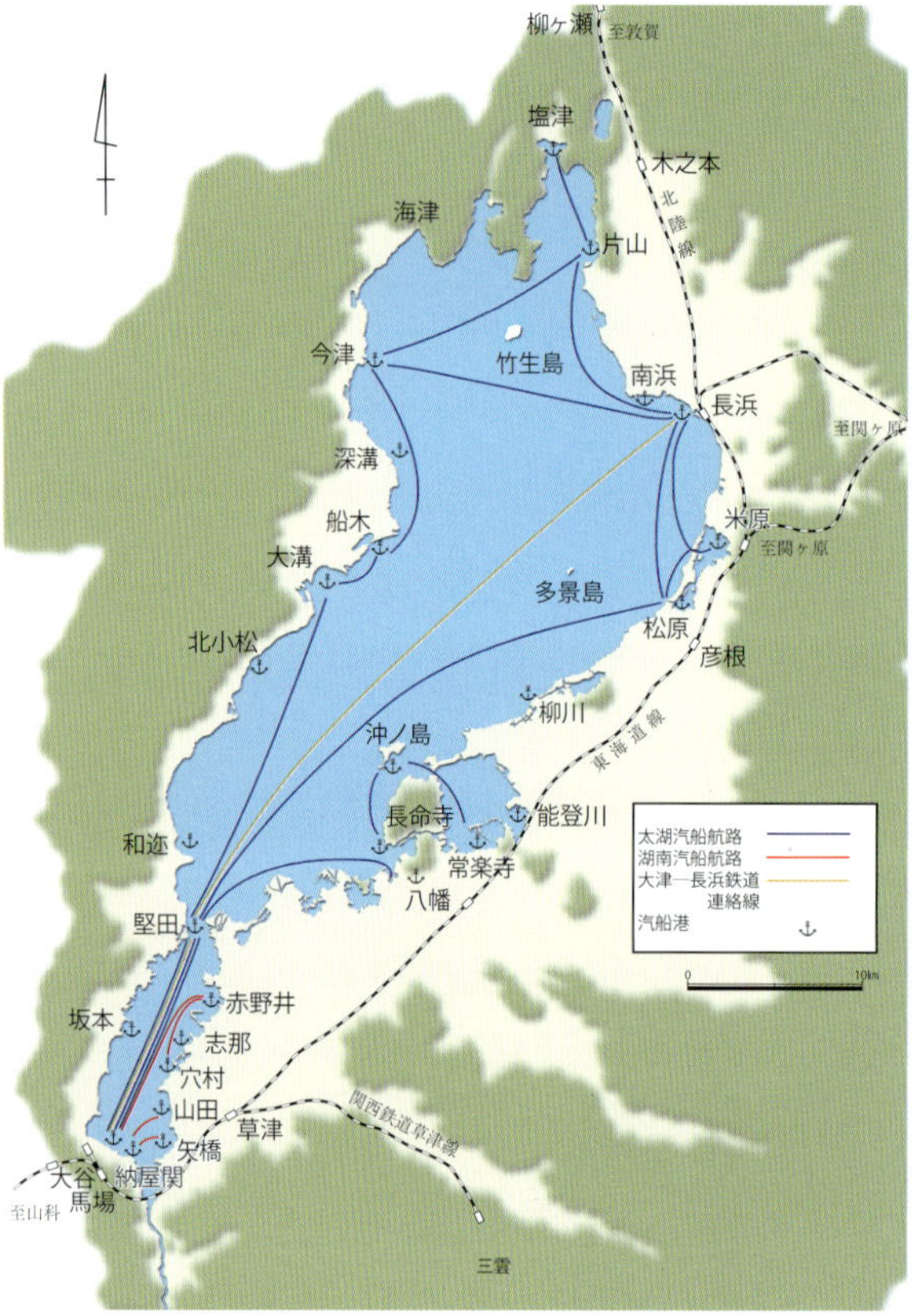

明治20年頃の航路図　『新修大津市史』第5巻を元に作成
琵琶湖の各港を結ぶ航路が中心であり、船の持つ運輸の能力に特化された航路であることがわかる。

鉄道連絡線の終結

明治二十二年（一八八九）七月、最後まで未通であった東海道線、大津⇔長浜間が開通する。この結果、京阪神と東京、さらには敦賀が鉄路で直接結ばれることとなった。その結果、明治十五年（一八八二）の開業以来、わずか七年で鉄道連絡船はその役割を終えることとなった。当初、政府も、鉄道連絡船を運航することとなった太湖《たいこ》汽船も、営業年限を三〇年程度と想定し、これに基づき、我が国初となる鉄鋼大型船、第一太湖丸、第二太湖丸を建造するなどの設備投資を行ってきた。しかし、予想外のスピードで鉄路が繋がったことにより、同社の旅客運は致命的な打撃を受けてしまった。人、物資の流れは鉄路に移行してしまったのである。この時の湖北の要港塩津の様子は、「満水の桶の底に穴を開けたように、あれほどの貨物が大水の引くようにスーっと止まってしまった」と語られている。

一方、湖南を中心に林立していた中小の汽船会社は、山口嘉助を社長として合併し、明治二十年（一八八七）、湖南汽船会社が営業を開始した。しかし、創業間もない、湖南汽船会社においても、鉄道の開通は大きな打撃となった。この時の両者の収益を見ると、その影響がいかに大きかったかが明らかである。

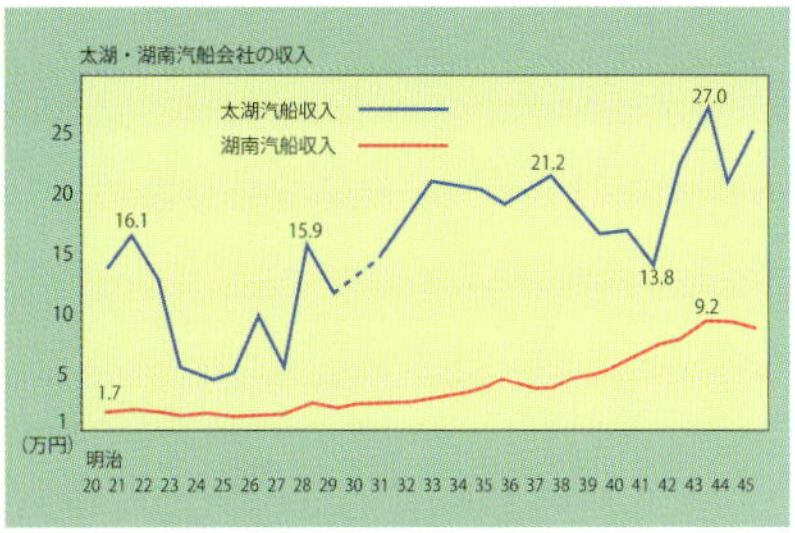

鉄道連絡船廃業時の汽船会社の収入
『新修大津市史』第５巻を元に作成
明治 22 年（1889）の鉄道連絡船廃業が、汽船各社に甚大な影響を与えたことと、運輸から観光への転換により急速に業績を好転させていった様子が見て取れる。

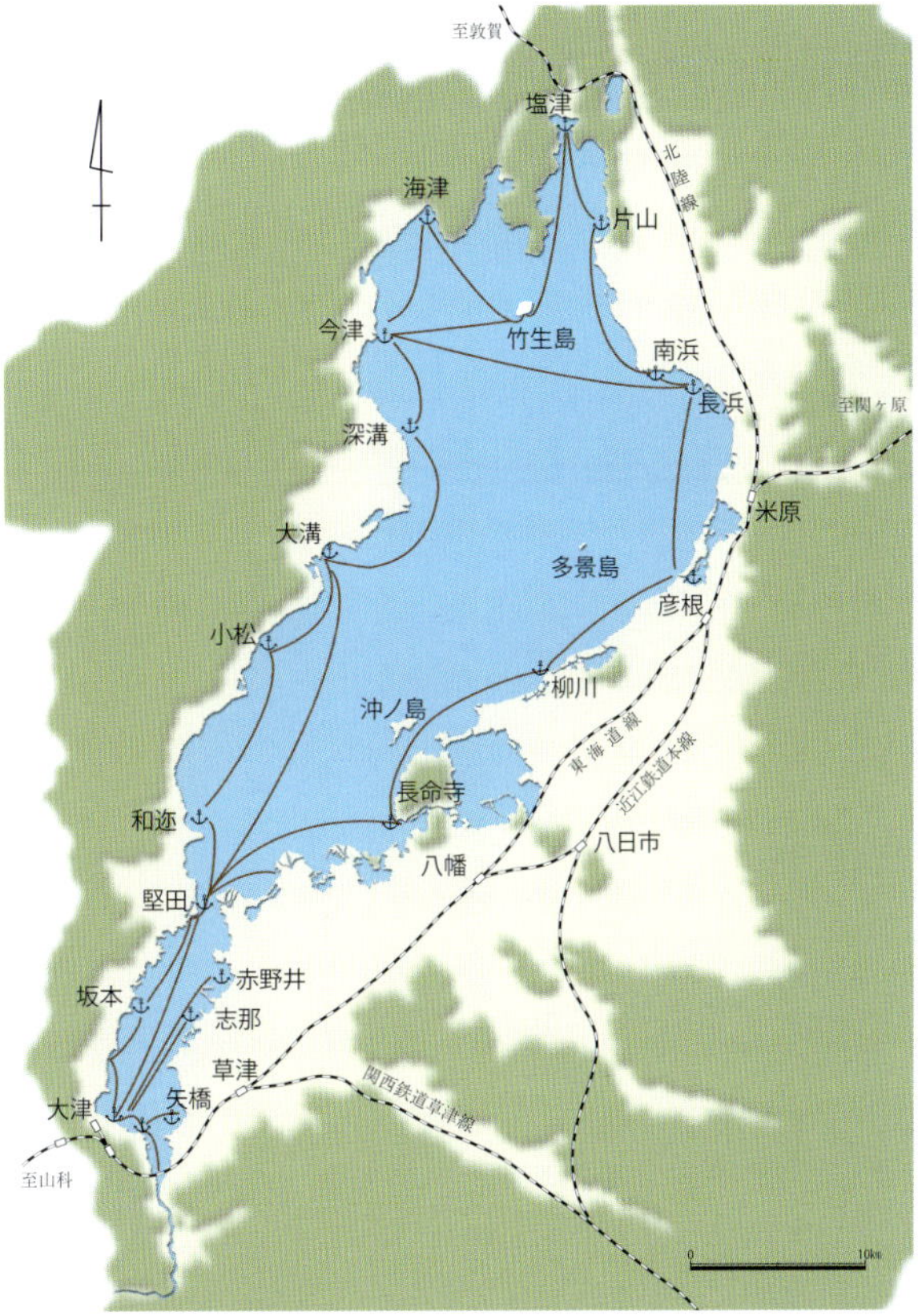

明治末頃の琵琶湖航路　『新修大津市史』第５巻を元に作成
鉄道連絡船が廃業された後の琵琶湖の航路を示している。湖岸や竹生島を細やかに結ぶ航路が目立ち、湖岸探勝のための航路が整備されていた状況を示している。

琵琶湖は景勝地

この致命的とも言える、運輸の不振から脱却すべく模索されたのが、船を使った琵琶湖観光である。もともと、琵琶湖の景観は、近江八景としてあまねく知られていた。近江八景は、江戸時代初め、中国の北宋時代に成立した「瀟湘《しょうしょう》八景図」になぞらえ、関白近衛信伊《このえのぶただ》が選んだ、琵琶湖南部の景勝地で、近世近代を通し絵画、工芸、文学のみならず落語等の娯楽、唱歌にまでも取り上げられ親しまれた、日本を代表する名所であり、あこがれの地であった。

琵琶湖の景観の価値について、国立公園の選定に際し、富士山と並び耶馬渓《やばけい》（大分県）、琵琶湖が上げられており、国内で高く評価されていたことがわかる。国立公園設議提案者の一人である安原仁兵衛は、琵琶湖を「我が国の霊湖であり、名勝古蹟の山々が聳え、国立公園ができるのであれば一番に選定されるべき」と評価している。

観光の根底には、あこがれの場所、非日常的な場所へ身を置く欲求が流れている。この点、当時の琵琶湖は、誰しもが、様々な情報媒体（文学・絵画・工芸等）を通して観念的に親しみ、あこがれていた名所であり、かつ、他では味わうことのできない広

今津港に入港する京阪丸　高島市教育委員会蔵
みどり丸と熾烈な観光客争奪戦を演じた京阪丸の勇姿

大な淡水の水界という、近江以外の人間にとっての「異世界（非日常的世界）」であった。また、湖上運輸にとどめを刺したかに見えた鉄道網の発達が、京阪神から手軽に来ることができる観光地、としての琵琶湖の価値を高めるという、皮肉な効果をもたらした。

観光船の就航

明治二十七年（一八九四）、湖南汽船は湖南の観光を目的として、大津〜石山、大津〜坂本の定期航路を運行し、本格的な湖上観光の営業に乗り出した。一方、太湖汽船も南湖と北湖を結ぶ遊覧汽船航路を開拓し、運行を開始する。そして、この効果は早速現れ、明治二十八年には鉄道連絡船営業時の業績まで挽回している。その後、この琵琶湖観光を基調とした船の役割は、現在までとぎれることなく受け継がれることとなる。

大正元年（一九一二）、京津電車の京都三条〜大津札の辻間が開通すると、京都方面からの観光客の増加に拍車がかかり、大津から西国観音霊場竹生島、長命寺への定期航路が開設され、観光に巡礼という異世界への来訪を組み合わせた、長距離航路が定着する。竹生島は琵琶湖に浮かぶ孤島であり、今も、船を使わなければ詣でることができないが、当時の長命寺もまた、琵琶湖最大の島であった奥島にあり、船を用いた参拝が最も便利であった。

ますます活況を呈する琵琶湖観光の流れを受け、大正十一年（一九二二）、太湖汽船は、純遊覧船「みどり丸」を建造し、琵琶湖観光の目玉として投入した。みどり丸は全長四五メートル、速力一二ノット、内装に贅を尽くした、当時の国内遊覧船最高の船として注目された。特に、処女航海には、来日中のイギリス皇太子が乗船したこともあり、京阪神からの遊覧客が殺到したという。ここにも、湖上に浮かぶ豪華空間、さらに、ここで異国の貴公子の残香を味わうという、異世界へのあこがれが、観光の原動力となっていた。

一方、湖南汽船は京阪電鉄と提携し、昭和三年（一九二八）、大型純遊覧船京阪丸を就航させる。かくして、みどり丸と京阪丸との激しい旅客争奪戦が展開され、その宣伝合戦は全国に鳴り響き、琵琶湖観光は空前の賑わいを見せることとなる。

この間、太湖汽船は、大津電車軌道株式会社、湖南鉄道汽船株式会社と合併し、琵琶湖鉄道汽船株式会社として、発足する。さらに、昭和四年（一九二九）、京阪電鉄を

活況を呈するマキノスキー場　高島市教育委員会蔵

マキノスキー場でバスを待つ人々　高島市教育委員会蔵
スキーに興じる多くの人たちが、琵琶湖の船に乗り渡りやって来た。

介して湖南汽船、琵琶湖鉄道汽船が合併し、太湖汽船株式会社が誕生し、琵琶湖の湖上運輸業の統合が実現した。太湖汽船株式会社は、昭和二十六年（一九五一）に、社名を琵琶湖汽船株式会社に改め、現在に至っている。

　昭和初期の琵琶湖観光を特徴付けたものにスキー船がある。昭和四年（一九二九）、太湖汽船は、京阪電鉄と共同してマキノ・スキー場を開設する。さらに昭和七年（一九三二）に、山岳スキー場として奥マキノ・スキー場が開設されると、当時すでに開設されていた伊吹山スキー場、神鍋《かんなべ》スキー場（兵庫県）を凌駕する、関西スキー場のメッカとして知れわたるようになる。当時のスキーには、単なるスポーツという側面の他、冬季、雪で覆われた山岳を前に、滑降などの動作により、その奥深くまで入り込む、自然活動の最も重要な分野とされ、多量の積雪に恵まれたスキー適地は、冬季における学徒、青少年の錬成の場という側面もあり、その振興が奨励されていた。

　これらの流れの中で、昭和五年（一九三〇）、スキー船が初運航され、昭和三十七年（一九六二）に廃止されるまでの長きにわたり、湖国の冬の風物詩として親しまれた。当時のスキー船の運航は以下のようであった。午後一〇時、京阪天満橋駅を連接車「琵琶湖号」が出発し、十一時九分に浜大津に到着する。深夜の十二時に大津港を出港し、海津港に午前四時頃に到着する。ここから連絡バスに乗り、スキー場に到着する頃には夜が明けるというものであった。暖かな船室で寝ながらにして行けるスキーとして、大いに賑わい、最盛期には一日に二〇〇〇人ものスキーヤーを運んだ。ここにも、雪山という異世界に人を誘う観光と、それを支えた船の姿がある。

玻璃丸とミシガン

　第二次世界大戦中、琵琶湖の観光と船は時代に翻弄され苦難の道を歩むことになる。そして、戦後まもない昭和二十五年（一九五〇）、紆余曲折の末、琵琶湖が国定公園に指定され、これを機に、琵琶湖観光の起死回生を図るべく計画されたのが「玻《は》璃《り》丸」の建造計画である。玻璃丸は翌昭和二十六年に進水し「琵琶湖の女王」として親しまれ、バラの花輪に囲まれた玻璃丸のポスターは全国に掲示され、絵本の題材になるほどの注目の的となった。その瀟洒《しょうしゃ》な船形で人気を集めた玻璃丸であったが、運行当初から「たそがれショーボート」として、夕刻から船内で、様々なショープログ

ミシガン　琵琶湖汽船株式会社提供
昭和57年（1982）に就航、現在も南湖における主力観光船として活躍している。全長59m。船名は滋賀県と姉妹都市提携のあるアメリカ・ミシガン州からとられた。外輪船の構造は、観光上の話題もさることながら、南湖の浅水面を安定して航行できることから採用された。

ラムを提供するクルーズが就航され、評判を呼んだ。このコンセプトは、琵琶湖の上に、豪華な閉鎖空間を提供し、さらにこの中で非日常的な世界を演出するという、まさに、観光の根底に流れる異世界を直接的に提供するものであった。玻璃丸は、琵琶湖総合開発に伴う水位低下対策及び、船体の老朽化のため、昭和五十七年（一九八二）に、惜しまれながら現役を引退した。

そして同年、玻璃丸に代わり琵琶湖観光を牽引するため建造された船が、外輪船ミシガンである。ミシガンの建造に際して、さらに異世界への誘《いざな》いが強調された。建造に際し、重松琵琶湖汽船社長はこのように述べている。「自分の住んでいる家庭とか、会社とか、風景といった、社会環境や自然環境とは全く異なる場所に行くのが観光とすれば、一番異なった環境とは、すなわち、外国ということになる…それならば、船の中に外国を持ってきてはどうか?」

このコンセプトの元、ミシシッピー川風の外輪船、ベルサイユ風の内装、提供されるディナー、さらには、姉妹都市ミシガン市からのミシガン研修生による船内サービス等、「琵琶湖に浮かぶ外国という異世界」という演出に腐心した。その結果、わずか二年余りで乗船者が一〇〇万人を超えるという空前の活況を呈し、現在も琵琶湖観光の顔として活躍し続けている。

琵琶湖観光の転換期へ

琵琶湖観光は、船の役割を抜いて語ることはできない。しかし、その歴史は、常に他の交通機関の発達、整備に翻弄され続けてきた歴史でもある。琵琶湖観光の幕開けは、鉄道連絡船の廃業による鉄路網の整備によるものであった。その後の琵琶湖観光を特徴づけたスキー船、さらには、船で詣でることが前提となっていた西国観音巡礼も、陸路の整備により廃止、短縮の道を辿らざるを得なくなった。そして戦後、琵琶湖観光の切り札として出現した湖上の外国は、航空網の発達により、その新鮮さとあこがれを奪い去ってしまった。さらに時代はめまぐるしく変化し、飛び交う電子情報は、いかなる世界をも疑似体験できる環境を家庭の中に広めてしまった。

このような現代、琵琶湖とここに浮かぶ船が、いかに魅力的な異世界に人を誘うことができるのか、琵琶湖の観光は大きな転換期を迎えている。

うみのこ物語

阿刀弘史

うみのこ　滋賀県立びわ湖フローティングスクール提供
就航25年を経過したことから船舶の代替が検討され、基金が設けられているほか、ふるさと納税を活用した寄付のための条例を設けている。また、平成13年（2001）からはバイオディーゼル燃料（BDF）の使用を開始した。

「うみのこ」の概要

滋賀県の小学生には、滋賀県ならではの特別な校外活動がある。それが小学校および盲・聾・養護学校の五年生全員を対象とし、学習船「うみのこ」に乗船して実施する「湖《うみ》の子《こ》」学習である。昭和五十九年度（一九八四年度）の本格就航以来すでに二十八年が経過し、乗船者は四十五万人を超え、親子二代での「うみのこ」体験者も数多い。

「湖の子」学習では、滋賀県内のすべての小学五年生が学習船「うみのこ」に乗船・航海し、宿泊して活動する。郷土への理解や対人・協調関係を養う「ふれあい体験学習」のほか、琵琶湖を教育の場所としていることから、琵琶湖の環境をテーマとした「びわ湖環境学習」も行っている。

また、複数の学校が同時に乗船・航海し、他校の児童と混合したグループ分けを行った上で体験学習を行う。ほかにも、「琵琶湖・淀川流域小学生交流航海」として、他府県の小学生を含めた航海を行うこともある。

「湖の子」学習の事業主体は滋賀県教育委員会で、運営は県の機関である滋賀県立びわ湖フローティングスクールが行い、さらに「湖の子」サポーターや「湖の子」守り隊などの市民ボランティアが組織され、支援を行っている。

学習船「うみのこ」は、昭和五十八年（一九八三）八月に就航した。総重量九二八トン、全長六五メートル、幅一二メートル、航海速力八～九ノット（一ノットは、時速一・八五二キロ）で、旅客定員（児童）は二四〇名である。日立造船神奈川工場と杢《もく》兵衛《べえ》造船所（大津市今堅田）で建造された。琵琶湖総合開発特別措置法による開発に対応するため、満載喫水は一メートルとなっている。

A68 スクリュー
滋賀県立びわ湖フローティングスクール提供

建造風景
滋賀県立びわ湖フローティングスクール提供

昭和 57 年(1982)秋から、日立造船株式会社神奈川工場で「うみのこ」の船体が部分に分けて造られ、その後県内で最大のドックを持つ大津市今堅田町の杢兵衛造船所に運ばれた。

船内の施設は、主な利用者である小学5年生を基準としたサイズで設置されている。各室定員二〇名の宿泊室(大部屋)、学習室、食堂(定員一一〇名)、会議室、見学室など船内設備のほか、カッターボートを搭載している。また、バリアフリー設備として車椅子用の搭乗リフターやエレベーターも設置されている。運航は琵琶湖汽船が受託している。

「うみのこ」誕生

滋賀県では、昭和四十四年(一九六九)から「滋賀青年の船」、昭和五十五年(一九八〇)から「びわ湖少年の船」という事業を毎年行い、大きな成果を上げてきた。昭和五十六年(一九八一)、この成果をもとに、子どもたちのために滋賀県で船を造り、学校教育の一環として県内の小学生を乗せてはどうかという提案が県議会でなされ、翌年採択された。

この年の四月には建造運営委員会や連絡調整委員会などがつくられ、船の仕様や活動内容について検討を行い、日本で初めての学習船が建造されることになった。

昭和五十八年(一九八三)二月八日に起工式が行われ、「うみのこ」の本格的な建造が始まった。建造においては、日立造船神

船内活動：キャンドルセレモニー　滋賀県立びわ湖フローティングスクール提供
複数の学校が同時に乗船し、他校の児童と混合したグループ分けを単位として体験学習を行う。また、「琵琶湖・淀川流域小学生交流航海」として、他府県の小学生を含めた航海を行うこともある。

奈川工場で製作された船体の部品を、大津の杢兵衛造船所に運び組み立てるという方法がとられた。

七月五日には進水式が開かれ、「うみのこ」と命名された。そして八月二日、びわ湖フローティングスクール開校ならびに就航式が盛大に行われた。

なお、船名は県内小学生から、シンボルマークは小学校職員から、標語は父母県民から公募した。

「うみのこ」の理念

母なる湖をもつ滋賀県として、児童の宿泊体験学習の場を湖上に求め、学校教育の一環として、びわ湖フローティングスクール事業を実施することは画期的なことであり、従前の施設・設備では得がたい教育の成果が期待される。ことに、少年に「夢とロマン」を開かせ、「たくましさ」を身につけさせることは、未来を背負う少年の人間形成に大きく寄与するものと考える。

これは、びわ湖フローティングスクールの「湖の子」学習活動を紹介する冊子などの冒頭に掲げられている一文である。これに基づき、「うみのこ」は近江舞子、今津、長浜、彦根、長命寺、琵琶湖大橋、草津帰帆島《きはんとう》などの港に寄港し、さまざまな施設の見学、船外活動、体験学習などを行っている。また、共同生活の中で規律を守ること、他人に迷惑をかけない五分前行動、ノーテレビ・ノー小遣い・ノーおやつの忍耐生活、節水活動、「うみのこ」掃除など、家庭での日常生活では徹底が難しいことを体験し、その必要性を実感する時間を過ごす。

就航以後、週休二日制の導入や教育指導カリキュラムの変更といった教育現場の変化、子供たちの生活環境の変化、琵琶湖を取り巻く環境変化などにより、「うみのこ」は幾多の荒波にさらされてきた。それにもかかわらず現在も実施され続けているのは、「湖の子」学習活動の目的と活動が、子供たちが大人になったとき、必ず活かされるものだからだろう。だからこそ、「湖の子」学習活動は定着し、「うみのこ」が県民みんなに愛されるようになったのである。

「うみのこ」は現在もフル稼働で活躍している。すでに、かつて「うみのこ」を体験した子供たちが、「うみのこ」を支える側にまわっていることだろう。湖上で得られる鮮やかな体験は、これからも子供たちの「夢とロマン」を開き続けるのである。

コラム

琵琶湖を駆けた伝道船

～ヴォーリズのガリラヤ丸～

阿刀弘史

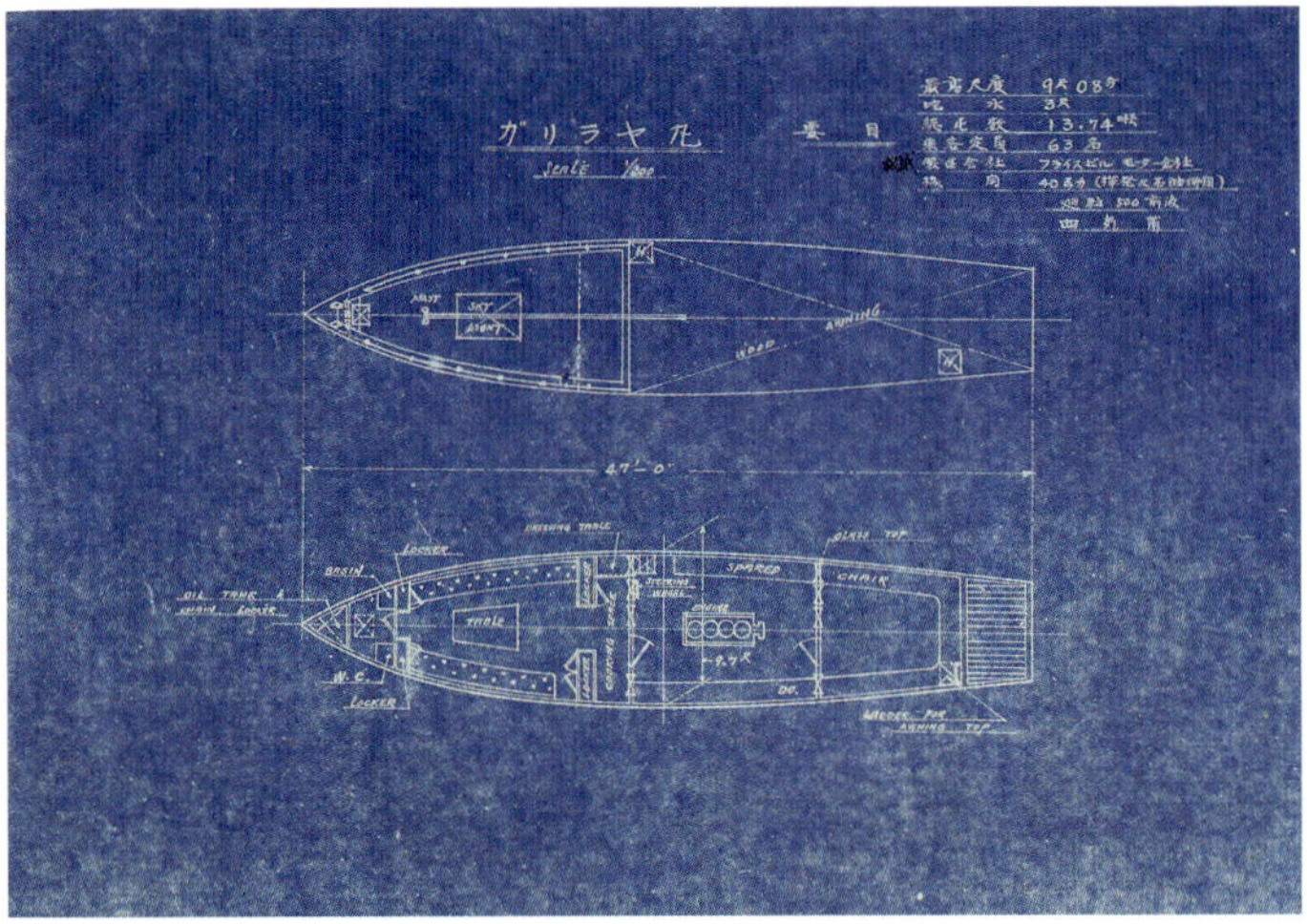

ガリラヤ丸設計図　公益財団法人近江兄弟社提供
図面そのものは残っておらず、この写真が残されている。初代か二代目かはこの図だけでは判断が難しいが、実物のスケールを伝える貴重な資料である。

ウィリアム・メレル・ヴォーリズは、一八八〇年（明治十三年）、アメリカ合衆国カンザス州で生まれた。建築家を目指していたヴォーリズは、その後伝道の道を志す。明治三十八年（一九〇五）に来日を果たし、建築、教育、医療、そして伝道にと大きな成果をあげたことは、周知のとおりである。

彼の伝道活動である「近江ミッション」のユニークさは、琵琶湖の湖上をポンポンポンと音を立てながら快走した伝道船ガリラヤ丸に象徴される。

琵琶湖畔、特に湖西地方への伝道に使われたガリラヤ丸は、メンソレータム開発者であるA・A・ハイド氏からの寄付によるもので、イエス・キリストが伝道したガリラヤ湖から命名された。全長約一〇・六一メートル、幅約二・七三メートル、速力一二ノットで、船室には四～六人用シートベッドと折りたたみ式テーブルを備え、宿泊も可能であった。大正十三年（一九二四）九月二十六日、現在の近江八幡市船木町の湖畔で進水式を挙行し、その活動は後に堅田基督教会館（一九一九年）や今津基督教会館（一九二二年）として結実する。

ガリラヤ丸は、毎週月曜日の午後に出港し、彦根・長浜・片山・塩津・海津・今津・深清水・大溝・舟木・堅田・雄琴を回り、水曜日夜半ないし木曜日午前に帰港した。寄港先では、船を見に出てきた人々に日曜学校式に聖書の話を聞かせたり、子供たちに讃美歌を教えたりしたようである。その後、昭和三年（一九二八）には老朽化に伴い二代目ガリラヤ丸が就航し、さ

ガリラヤ丸（二代目） 公益財団法人近江兄弟社提供
昭和３年（1928）に就航した二代目ガリラヤ丸は、船体側面に突起部（リム）があること、船尾付近の船体側面が一段低くなる部分が船体の５分の２ほどまで伸びていること、船名が右から読む表記になっていることなどが特徴である。

初代ガリラヤ丸と二代目ガリラヤ丸 公益財団法人近江兄弟社提供
写真右寄りに大きく写っているのが二代目ガリラヤ丸、左端に写っているのが初代ガリラヤ丸で、両者が並んでいる非常に珍しい写真である。初代には甲板上の装備がほとんど認められないので、内装の一部を二代目に移した可能性も考えられる。

らに伝道活動に邁進するが、日中戦争開戦以降ガソリン・オイルの不足が深刻化し、停船が続くようになる。そしてついに昭和十四年（一九三九）に、西宮（兵庫県）の辰馬汽船株式会社に売却されることになった。その後、紆余曲折を経て尾道〜因島《いんのしま》間（広島県）の送迎船となり、昭和四十一年（一九六六）に解体され、その生涯を終えた。

　その二代五二年間に及ぶ就航期間において、ガリラヤ丸は二つの大きな成果を残した。一つは当時、伝道未開地であった湖西地方に湖を横断して直接乗り込み、伝道を可能にしたこと、そしてもう一つは福音船伝道という、独自の方法を成功させたことである。いずれもヴォーリズによる斬新な発想と、伝道先の人々と融和していく彼の優れた人格によるものであるが、それを可能にするため琵琶湖を駆け続けたガリラヤ丸の雄姿は、今後も記憶され続けるべきものである。

船が運ぶもの

A36 竹生島祭礼図　大和文華館蔵　同館提供

紙本著色。蓮華会の様子を描いた数少ない作品で、制作は江戸初期。慶長年間（1596 ～ 1615）に再建された島内の景観と、頭人が新造した弁才天像を船に乗せて島へと渡る祭礼の様子が活写されている。湖上では散華が行われており、祭礼当日の花やかな雰囲気が窺われる。

A33 日吉山王祭礼図屏風（琵琶博甲本）　滋賀県立琵琶湖博物館蔵　同館提供

A34 日吉山王祭礼図屏風（琵琶博乙本）　滋賀県立琵琶湖博物館蔵　同館提供

甲・乙両本ともに江戸時代の制作。紙本著色。山王祭のハイライト、山王七社の神輿が競って唐崎沖へと漕ぎ出し、粟津からの御供船が迎える場面を描く華麗な屏風。多くの見物人や見物船とともに、甲本では珍しく、瀬田の唐橋が画面の端に描かれている。本展ではこの他、大津市歴史博物館本もあわせて陳列される。

A39 木造弁才天坐像　宝厳寺蔵

蓮華会で島内に奉納された弁才天像。老翁面蛇身の宇賀神を頭部に戴く八臂像で、像底の墨書銘によれば、弘治３年（1557）、坂田郡平方庄大仏子重清が制作したことがわかる。平方仏師制作の現存作品 11 躯のうち、本像は在銘最古に当たる。

琵琶湖のクリークをゆくガリラヤ丸　公益財団法人近江兄弟社提供

撮影地は不明であるが、琵琶湖に流れ込むクリークをガリラヤ丸が進んでいる。ガリラヤ丸は、ヴォーリズがキリスト教の伝道よる人と人、人と神の絆を結ぶために建造した船である。周囲に浮かぶ和船と好対照をなしている。

A34 日吉山王祭礼図屏風　（部分・琵琶博乙本）滋賀県立琵琶湖博物館　同館提供

日吉山王七社の御輿が粟津御供の神事のため、琵琶湖に漕ぎ出る様を活写している。船に乗った比叡の神は、琵琶湖の沖合で湖の神と邂逅し、一年の豊饒と安寧を里に運ぶ。船が神を通し、人と琵琶湖との絆を確かなものとしている。全図は113頁。

A1 貴船神社組鳥居　國松巖太郎画

毎年9月15日に催される大津市南大萱浜口地区の貴船神社例大祭に登場する鳥居。実際に使われていた、帆柱、櫓、舵等、船の推進具を使って巧みに組み立てられる。船が生活の一部として機能していた湖岸の暮らしを良く表す。このような鳥居は極めて珍しい。

貴船神社船屋台　國松巖太郎画

住民の手造りの船屋台。例大祭ではこの屋台を御輿のように担いで地区内を練り歩く。
神の乗った船が、神と人、人と人との絆を深めてゆく。

（阿形像頭部）

（吽形像頭部）

A42 石造狛犬　日吉神社（長浜市）蔵

越前から運ばれた笏谷石製狛犬。台座共一石から彫成されるこの種の狛犬特有の作品。注目されるのは、下顎から牙をむく阿形像の面貌表現で、やはり笏谷石工が手がけた鬼瓦の造形を思わせるところがある。文禄３年（1594）在銘品。なお本展では、同年銘の大津市若宮神社像もあわせて展観される。

A44 石造狛犬　日吉神社（甲良町）蔵

前頁の狛犬を所蔵する日吉神社とは別の同名社に伝わる越前笏谷石製狛犬。2段に作るたてがみ、体部に比べて小振りの面部、すらりと伸びた前肢など、県内に遺存する作例の中では特異な形状を見せる。17世紀初頭の制作であろう。

A45 安土城跡伝本丸跡出土笏谷石製容器　滋賀県教育委員会保管　同会提供

同出土状況　滋賀県教育委員会提供

笏谷石は、石塔や狛犬などの宗教関係遺品以外でも様々な使用法があり、安土城では天主地下入口の石段敷石としても用いられている。本品の使用目的は明確ではないが、手水鉢として用いられたのではないかと推定されている。

神仏を運ぶ船

山下　立

◎ **A30 安南渡海船額**　日牟禮八幡宮蔵
滋賀県立琵琶湖文化館提供
安南（ベトナム）貿易で成功を収めながらも、鎖国のため帰国が叶わなかった西村太郎右衛門が、故郷の日牟禮八幡宮に奉納した板絵著色の船絵馬。琵琶湖の船ではないが、県内に伝わる船の絵画作品の代表格として展観する。

神仏と琵琶湖の船

神は船に乗ってやってくる。手始めに『古事記』を繙《ひもと》いてみよう。大国主神《おおくにぬしのかみ》が出雲の国の美保の崎にいたときに、親指ほどの背丈しかないこびとの神である少名毘古《すくなびこ》那神《なのかみ》（少彦名神）が、がが芋の実のさやでできた船に乗ってやってきたという。やがて大国主と兄弟となり、国作りに精を出したという同神が余所からの来訪神とされるのは、わが国の神観念としては象徴的な事例といってよいだろう。

仏もまた船とともにやってくる。国土をすべて海に囲まれた東亜の一小国たる日本にとって、あらゆる大陸の先進文化はつねに外洋から船によってもたらされた。仏教・仏像がその代表格なのは言うまでもない。『日本書紀』は、はるばる海をこえて百済より献上された仏像を目のあたりにした欽明天皇の驚きを、「西蕃の献れる仏の相貌端厳し、全ら未だかつてあらず」との天皇の言葉で伝えている。無論、書紀のこの場面は、後世の造作であって史実とは見なし難いけれども、偶像崇拝の伝統を持たなかった当時のわが国人にとって、金色の妖しい光を放つ仏像を初めて目にした時の衝撃は、おそらくこのようなものだったろう。

いずれにせよ、船に乗って神仏が我々のもとを訪れ、福をもたらすというモチーフは、まれびとの観念を始めとして、様々な出自の神仏が宝船に乗り合わせる七福神に至るまで、ひろくわが民族の中に底流する心情となっている。そしてそれは、わが国のかかる地理的・歴史的条件によって、醸成された面が大きいと考えられるのである。

さて本展では、神仏を運ぶ船という一コーナーを設けている。近江国の場合、外洋から神仏が来訪するわけではないが、人々の生活も文化活動も琵琶湖と密接な関係を持ちつつ営まれてきたため、神仏と船との関係性は祭礼などを通して他地域以上に大きな広がりを見せている。そこで、こうし

A33 日吉山王祭礼図屏風（部分・琵琶博甲本）
滋賀県立琵琶湖博物館蔵　同館提供
山王祭のハイライト、山王七社の神輿が競って唐崎沖へと漕ぎ出す船渡御の場面を描く。全図は113頁参照。

た事象の中から神と仏を代表する特徴的な二つの例を取り上げながら、神仏を運ぶ琵琶湖の船についてその一端を垣間見ようというのが、このコーナーの眼目なのである。

日吉山王の神々と山王祭

まず神を代表して、日吉山王《ひよしさんのう》を取り上げよう。言う迄もなく日吉山王とは、大津市坂本に鎮座する日吉大社の神々の総称である。同社は、天台宗の護法神として比叡山延暦寺と一体化しつつ発展し、神仏習合の歴史と文化を牽引する役割を担ってきた。しかし、元亀二年（一五七一）、織田信長による比叡山焼討で灰燼に帰し、その後、復興されたものの、明治初年の神仏分離・廃仏毀釈によって、仏教的な文化財の大多数が焼却されるなど、時代の荒波に翻弄された歴史を持つ。そうした中にあって、古くから連綿と行われてきたまつりが日吉山王祭なのである。

祭礼の起源については詳かではないが、『耀天記《ようてんき》』によれば、延暦十年（七九一）、大宮・二宮の神輿が造立されて、唐崎へ渡御したことにはじまるという。ただし、祭礼が今日見るような形になったのは元亀の兵乱以降と見られ、兵火で烏有に帰した社殿の復興とともに祭礼も整備されたものだろう。その内容は、日吉大社の祭神の二系統、すなわち東本宮系（二宮・十禅師《じゅうぜんじ》・八王子・三宮）と西本宮系（大宮・聖真子《しょうしんし》・客人《まろうど》）の神事を統合したもので、約一月半にわたって繰り広げられる。とりわけ、古来より四月の中の午《うま》から酉《とり》の日までの四日間（現在は、新暦の四月十二日から十五日の間）をメインに行われてきた。さまざまな要素が組み合わされているが、基本的には午・未の二日間が東本宮系、残る申・酉の二日間が西本宮系の神事を中心とするものとなっている。

まず初日には、八王子山に鎮座する大山咋神の荒魂（八王子）とその妃の荒魂（三宮）の神輿二基を山上から麓に下ろし、二宮の拝殿で轅《ながえ》を差し違えたように安置する「シリツナギの御供」を行う。翌日には、この二基を含む東本宮系の四基の神輿に新茶や玩具等の御供があり、夕刻からは、神輿を荒々しく振り落とすや担ぎ上げ、担ぎ上げるや振り落とす勇壮な「宵宮《よみや》落し」で一気にヒートアップする。この一連の神事は御子の誕生、すなわち生産や五穀豊穣、子孫繁盛などを象徴するものと言えよう。

三日目は、西本宮（大宮）本殿で天台座主《ざす》による「五色の奉幣《ほうべい》」、さらに奈良の三輪山から大己貴神《おおなむちのかみ》を迎えて西本宮が成立した

A36 竹生島祭礼図（部分）
大和文華館蔵　同館提供
蓮華会の様子を描いた数少ない作品。慶長年間（1596 ～ 1615）に再建された島内の景観とともに、頭人が新造した弁才天像を船に載せて島へと渡る場面が活写されている。全図は 112 頁参照。

由緒を物語る「大榊《おおさかき》神事」へと続く。午後になると、山王七社の神輿が下阪本の琵琶湖岸に集結、ここから神輿船に乗り、競って唐崎沖へと漕ぎ出す船渡御《ふなとぎょ》が行われ、山王祭はいよいよハイライトを迎える。沖合では「粟津《あわづ》の御供」が行われるが、これは大己貴神に漁民が粟飯を献上した故事に因んだものである。なお、現在この船渡御は七社のうち二社分のみだが、かつては山王七社の神輿船がすべて揃っており、実に豪華な光景であった。いまに遺る日吉山王祭礼図屏風の作例（A33～A35）を見ると、いずれも船渡御のシーンが大きく描かれており、見物する人々の興奮が伝わってくるようである。最終日は、大宮神前で行われる「酉の神事」をもって締めくくられる。

竹生島弁才天と蓮華会

次に、仏尊から竹生島弁才天を取り上げたい。江北の湖面に神秘的な姿を写す竹生島は、華厳経に説かれる観音の住処たる補《ふ》陀落山《だらくさん》のイメージと重ねられて観音霊場として信仰を集める一方、わが国の弁才天信仰の拠点として大きな役割を担ってきた。観音信仰についても、例えば那智の浜から太平洋上に船を漕ぎ出して補陀落山を目指す信仰など、船に関わる興味深い事例が含まれるのだが、本展が琵琶湖の船を中心テーマとすることから、ここでは弁才天信仰について紹介することにしよう。なお竹生島弁才天の場合、島の祭神である浅井《あざい》姫命《ひめのみこと》の本地仏として、その信仰が形成されている。日吉山王神と同様、やはり神仏習合的な色彩の強い信仰なのである。

さて、竹生島の弁才天信仰を象徴するものが、天下泰平・五穀豊饒を祈って毎夏執行されている蓮華会《れんげえ》である。現在ではかなり簡略化されているが、かつては、湖北の富豪から選ばれた祭礼の頭人によって、新たに造進された弁才天像を安置した神輿を、対岸の早崎から船に仕立て島へと渡御することが行事の中心となっていた。蓮華会の起源や歴史については不明な点が多いが、竹生島では貞元二年（九七七）、慈恵大師《じえだいし》良源が創始したと伝えている。実際、『慈恵大師僧正拾遺伝』には、その年竹生島で法華経百部を書写し、弁才天を荘厳《しょうごん》せんがために法会を執り行い、さらに島を廻って散華し、楽人による演奏をおこなったという記事が見える。本伝には、この法会について蓮華会という名称は見られないが、正安元年（一二九九）三月五日付「山門衆会事書案」に、蓮華会を「慈恵大師御輿行」と記し、

△ **A37 弁才天像**　宝厳寺蔵
滋賀県教育委員会写真提供
絹本著色。眷属の十五童子や、弁才天と同じ福神である大黒天などを従えた八臂弁才天像を描いた作品。像は頭上に小さな白蛇を戴き、手前にも大きな白蛇がとぐろを巻いており、宇賀弁才天への過渡的な様相を示している。南北朝時代の制作。

A38 弁才天像　宝厳寺蔵
絹本著色。唐服を身に着けたあでやかな二臂弁才天像が、波の打ち寄せる海上の岩座に坐し、四弦の琵琶を弾く様を描いたもの。江戸時代の作品。同寺にはこの他にも、弁才天の霊場に相応しく、琵琶を奏でる二臂立像（絹本著色・室町時代）が伝来している

大師の事績をその濫觴《らんしょう》に当てている。ともあれ、十三世紀末頃にはこの法会が定着し、盛大に挙行されていた様子が窺える。

　このような長い伝統を持ちながらも、日吉山王祭礼図のようにこれを描いた美術作品には恵まれていない。その数少ない優品が大和《やまと》文華館本竹生島祭礼図（A36、一一二頁）である。日吉祭礼図同様、その画面はやはり祭のクライマックスに当る船渡御の場面を描いている。近世初頭の島の景観をよく偲ばせるとともに、頭人が造像した弁才天像を船に載せて島へと渡る人々の姿が活写されている。

　そもそも弁才天とは、インドのサラスヴァティー河を神格化した女神で、五穀豊饒をもたらす水神として尊崇され、仏教に取り入れられてからは、これに加えて学問、音楽、除災、戦闘などの功徳も説かれるようになる。その形態は八臂《はっぴ》像と二臂《にひ》像に大別できるが、中世以降、わが国在来の穀物神である宇賀神《うがじん》と習合し、老翁面蛇身の同神を頭部に戴く八臂像が造像の主流をなすに至る。そして、その典型的な事例に挙げられるのが、弘治三年（一五五七）在銘品（A39、一一四頁）をはじめとする宝厳寺伝来の木彫像の形制といってよいだろう。現在、同寺には約二〇躯にのぼるこの種の木造弁才天像が遺されているが、そのいずれもが、蓮華会に際して奉納されたものなのである。

　ちなみに、竹生島の弁才天像が当初からこのような形態であったわけではない。実際、平安から鎌倉初頭にかけて成立した図像集『別尊雑記』には、宇賀神や白蛇を伴わない一面八臂像が、「竹生嶋弁才天、三井寺法輪院本也」との註記が付され収載されている。また、宝厳寺に伝わる同尊の画像の中には、さらに異なる像容のものが含まれる。南北朝時代の制作と考えられる弁

（同像々底）

A40木造弁才天坐像　千光院蔵
頭上に宇賀神を戴く八臂弁才天像。永禄七年（一五六五）の制作と考えられる作品で、作者は大仏子平方右京介。平方仏師の作品中、口絵一一四頁に掲げた弘治銘に次ぐ古遺品。

才天像（A37、一二五頁）を見ると、頭上に小さな白蛇、像の前方にも三本の角を生やした白蛇がとぐろを巻いており、人面蛇身の宇賀弁才天への過渡的な様相を示すものとなっている。その一方で、江戸時代の弁才天像（A38、一二五頁）は琵琶を持つ二臂像であり、弁才天信仰の拠点に相応しい多様性を見せている。

　ところで、上記の木造弁才天像群で特筆されるのは、室町後期における蓮華会の盛んな様を示すように、弘治三年を最古に、江戸期以前に遡る紀年銘遺品が七躯にのぼることである。また、竹生島に奉納された後、宝厳寺から近江八幡の千光院や大阪・施福寺など、関係する寺院に下賜《かし》されたと考えられるケースも知られている。このうち、千光院像（A40）は、おそらく永禄七年（一五六五）の造像と推定されるもので、竹生島弁才天の中では弘治銘に次ぐ古遺品ということになる。

　さらに、千光院・施福寺像を含む弘治から寛永年間にかけて制作された一一躯には、平方仏所、平方大仏師、あるいは同仏所の仏師と考えられる人名が記されている。平方《ひらかた》とは、現在の長浜市平方町のことで、これらの銘記から、中世末から近世初頭にかけて、竹生島の対岸に当たる地に仏師工房があり、ここで制作された弁才天像が祭礼とともに島へと渡ったことが明らかとなる。なお、竹生島弁才天信仰と仏師との関係、あるいはその歴史的意義については、安土城考古博物館の特別展図録『武将が縋《すが》った神仏たち』（平成二十三年）の中に「竹生島弁才天信仰と平方仏師」と題して概要をまとめ、少しく論じておいたので参照されたい。

おわりに

　日吉山王祭も竹生島蓮華会もともに近江を代表する祭礼である。祭礼の主役となる山王は神祇、弁才天は仏尊に当るが、前述したように、両者ともに神仏習合思想によって神・仏に截然と分かち難くなっている点は注意されよう。それはともかく、この近江を代表するまつりが、湖上での船渡御をハイライトとするところに、琵琶湖の自然とともに歴史を刻んできた近江の風土の特徴が看取されるのである。

　本コーナーではこの他に、船で運搬された狛犬等の笏谷石《しゃくだにいし》製遺品（別稿参照）や船絵馬など、信仰に関わる作品をあわせて展観した。本展が、神仏と船をめぐる文化について、改めて関心を深める契機になれば幸いである。

琵琶湖の船は未来への絆

大沼芳幸

A1 貴船神社例大祭　組鳥居
南大萱資料室提供
船の推進具をを巧みに組み合わせて造られた鳥居。このような形状の鳥居は全国的に見ても珍しい。

湖《うみ》の船が結ぶ絆

船はモノを運ぶ道具である。モノとは者であり物であり、場合によっては目に見えざる霊的なモノである。いずれにしても、船に乗ったモノを通して、発するところと、着く所は結ばれ、そこに様々な交流が生まれる。本編の最後に、船が結ぶ様々な絆と、絆がもたらす琵琶湖の船の未来について語ってみたい。

神と人との絆

大津市南大萱《みなみおおがや》浜口地区に鎮座する、貴船神社に興味深い祭礼が伝わっている。浜口地区は、かつては琵琶湖に接し、芦浦街道と琵琶湖の結節点としても機能していたところである。ここでは、船が日常の足として活躍していた。

貴船祭と呼ばれるこの祭は、毎年九月十五日に例大祭として行われる。例大祭では、船屋台が登場し地区内を巡行する。この船屋台は昭和五十二年（一九七七）に、萱野神社の境内社、天満神社の半万灯籠に際し、浜口子供会の出し物として新調されたもので、前回の万灯籠（昭和二十七年）に、浜口地区から、様々な出し物で飾り付けた船屋台を出したことを受けて作成された。すべて地区民の手作り。竜頭船の宝船で、全長二九〇センチ、総高四〇〇センチを越える立派な船である。この船が、今も地域の絆を深めるため毎年登場する。もう一つ興味深いものに、船の推進具を組み合わせた「組鳥居」（A1）がある。貴船神社には鳥居がない。例大祭に際して、かつて船の道具として活躍していた帆柱二本、舵二枚、櫓一挺、ゴイシャク（あかすくい）一本を巧みに結束して、鳥居を作成するのである。その起源は明らかではないが、船の持つ力への畏敬が込められた造作物である。例大祭の日、地区民に御輿のように担がれた船屋台は、この組鳥居を通り村内に安寧と豊穣を運ぶ。

故国に春を告げる行事に、大津市坂本に

鎮座する日吉大社で繰り広げられる日吉山王祭がある。山から神を迎える「午の神事」、若神子の誕生を表す「宵宮落し」など、様々な行事が繰り広げられるが、そのクライマックスで行われる神事に「湖上巡行」がある。粟津の御供とも呼ばれるこの神事は、日吉山王七社の御輿が船に乗り、唐崎の沖合まで漕ぎ出し、ここで琵琶湖の神に粟飯を始めとする、様々な神饌を供する。この行事が意味するものは、水の誕生する山に居ます神と、水の集う琵琶湖の神の交歓を示すものと考えている。山の神々は、船に坐して湖《うみ》の神と邂逅するのである。

ボートの練習　高島市教育委員会蔵
琵琶湖就航の歌の歌詞を作った小口太郎は、このようなフィックス艇を漕ぎ、琵琶湖を航海した。琵琶湖に抱かれた感動が名曲の母体となった。

人と人との絆

大正六年（一九一七）六月二十七日。第三高等学校（現在の京都大学）ボート部クルーは、恒例の琵琶湖一周の航海に漕ぎ出した。これは、大津を出発し西回りで琵琶湖を三泊四日で一周する航海で、固定座席のフィックス艇と呼ばれるボートを用いていた。二日目、今津に宿泊した際、クルーの一人小口太郎が、琵琶湖の情景を詠み込んだ一篇の詩を披露した。この詩が、「琵琶湖周航の歌」の歌詞である。これを聞いたクルーたちが、当時はやっていた、吉田千秋作曲の「ひつじぐさ」のメロディーに乗せて歌ったところ、詩と曲とが誂えたように合ったため、やがて、三校の寮歌となり、歌い継がれることになった。

その後、幾度かこの歌が世に出る機会があったが注目されることはなかった。しかし、昭和四十六年（一九七一）、前年に「知床旅情」を大ヒットさせた加藤登紀子が、シングル「少年は街を出る」のB面にこの「琵琶湖周航の歌」を入れリリースしたところ、その哀愁に満ちた旋律と琵琶湖の歴史、文化を巧みに詠み込んだ歌詞が全国の人達の心を捉え、静かなブームを巻き起こし、やがて、滋賀県の県民歌と言っても過言でないほど親しまれ、歌い継がれ、現在に至っている。船に乗り、琵琶湖に抱かれながら航海した、小口太郎が感じた琵琶湖の世界が、今なお、人と人とを結んでいる。

琵琶湖祭りの船　撮影年不明　高島市教育委員会蔵
琵琶湖祭りに参加した青年会が飾った船。船が地域の絆を結ぶのに一役買っている。

異世界に誘《いざな》う船そして未来

ウィリアム・ヴォーリズ（一八八〇～一九六四）のガリラヤ丸については前章で触れ

た。彼は、この小船をキリスト教の伝道に使った。当時の交通事情を考えれば、ことに琵琶湖の周辺であれば、船を利用することが最も効率的であり、そのためにガリラヤ丸が利用されたのであろう。しかし、伝道を受け入れる側の感覚には、これとは違ったものがあったのではなかろうか。広大な琵琶湖の沖から小船が遡って来る。その上には異風の人が乗っている。そして彼は見知らぬ神の世界を語る。まさに異世界からの来訪者が、福音をもたらそうとしている、と、直截的に感じたのではなかろうか。そして、船が異世界と現実世界を結んでいると。

　前章において、琵琶湖観光と船について紹介した。その中で、「観光は異世界（非日常の世界）に人を誘《いざな》う行為」と位置づけ、琵琶湖の船も、このコンセプトの元、運行されてきたことを紹介した。とりわけ、二〇世紀後半期、外輪船ミシガンの運航に象徴されるように、その異世界とは外国を強く意識したものであった。また、琵琶湖で活躍している観光船の船名が、インターラーケン、リオグランデ、ランシング、そしてミシガンというように、滋賀県並びに大津市が姉妹都市提携を結んでいる、外国の都市の名前を冠していることも、「異世界＝外国」というコンセプトを如実に表している。これらの船は今も、琵琶湖と異国の都市との絆を深めることに、大きな役割を果たしている。まさに船が結ぶ絆である。

　しかし、現代文明の発達は、外国を異世界から日常の世界へと変えてしまった。ここにおいて、琵琶湖に浮かび、外国を疑似体験するというコンセプトに対し、琵琶湖観光および船の役割を委ねることについて、再検証が必要となってきたように思える。（もちろん、従来のニーズもまだ根強くあることだから、このコンセプトにさらに磨きをかけることも、当然必要となる作業であろう。）

船見物　撮影年不明　高島市教育委員会蔵
桟橋に着いた船を珍しげに眺める人たち。船が異世界と人を結ぶ乗り物であったことを暗示させる。

　現代的、未来的な船の役割を考えるとき、示唆的な取り組みがすでになされている。琵琶湖フローティングスクール「うみのこ」と、多目的クルーズ船「ｍｅｇｕｍｉ」の就航である。

　「うみのこ」は本編でも触れたように、昭和五十八年（一九八三）に就航が開始され、県内の小学校五年生全員が、一泊二日の琵琶湖クルーズを体験する。船内では様々なプログラムが行われているが、琵琶湖に関する学習を行うにしても、学校の教室で行うのと、琵琶湖の上で行うのとでは、その臨場感と、インパクトがまったく違うはずである。まして、日頃、琵琶湖に触れる機会の少ない子供たちが、琵琶湖に浮かび、その波動を体感するだけでも、琵琶湖を身近なものとして意識するきっかけになっているに違いない。

　一方、「ｍｅｇｕｍｉ」は平成二十一年（二〇〇九）に就航した大型船である。船体は現役を退いたインターラーケンIを再利用し、船内電気に自然エネルギーを使うなど、環境に配慮した船舶である。この船のコンセプトは、船名が示すとおり、「琵琶湖の自然、文化を学び、琵琶湖の恵みに感謝する」という想いが込められているという。そして、船内では、琵琶湖に関する自

A55 インターラーケンⅠエンブレム
琵琶湖汽船株式会社提供
インターラーケンⅠの船首を飾っていた、スイスインターラーケン市の市章である。船が結ぶ外国との絆を象徴している。

インターラーケンⅠ　琵琶湖汽船株式会社蔵
インターラーケンは大津市と姉妹都市提携をしているスイスの都市名で、その名を冠した観光船が２艘建造された。インターラーケンⅠは琵琶湖最初の軽合金製の高速船として人気を集めた。

うみのこの子供たち　滋賀県立びわ湖フローティングスクール提供
うみのこに乗船し、様々な琵琶湖の体験をする子供達。子供たちの笑顔に、琵琶湖（自然）の中に人を誘う、船の未来的な機能と価値が見える。

然・環境・歴史・文化等を、琵琶湖に浮かぶという非日常的な行為を通して、より印象深く学び、体験する活動を行っている。「うみのこ」そして「ｍｅｇｕｍｉ」の就航は、琵琶湖の船の持つ大きな可能性を示している。

琵琶湖において、物流に船が関与する場面は、現代未来を含めて、極めて限定的なものとなるであろう。このような状況下、船が活躍する場は「観光」に特化したものになるであろう。観光とは異世界（非日常の世界）への誘《いざな》いである。それでは、現在、未来における異世界とはどの様な世界であろうか？

現在、琵琶湖において、人を魅きつける異世界とは「琵琶湖そのもの」をおいて他にない。琵琶湖とは、四〇〇万年の地質的年月を経、さらに、人間と共に一万年にも及ぶ長い時間を歩み、恵みをを与え続けて来た、類い希な自然である。その琵琶湖の価値は、現代未来においても変わることはありえない。しかし、人間の生活は琵琶湖から徐々に乖離しつつあるように思える。琵琶湖と人間の絆が断たれたとき、それは、自然の一員としての人間の存在に終止符が打たれるときである。人と琵琶湖の絆をより強く結ぶ、言い換えれば、「琵琶湖

megumi　琵琶湖汽船株式会社提供

megumi は、引退したインターラーケンⅠの船体を再利用して建造された、最新鋭の船である。琵琶湖の恵みに感謝する思いが込められており、環境学習、琵琶湖の文化学習等、様々な場面に活躍している。

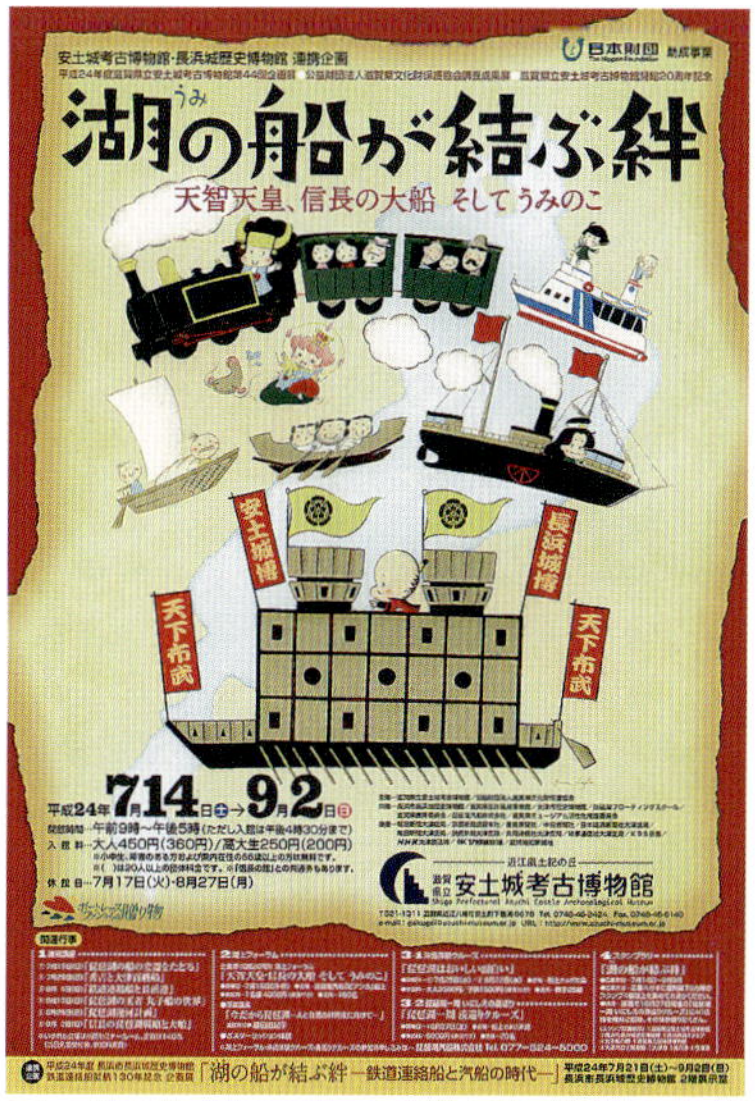

湖（うみ）の船が結ぶ絆　イメージイラスト

信長の大船を始め、様々な船と鉄道連絡船が、人と人、人と琵琶湖の絆を紡いでいる。

（自然）と持続的な共生関係を構築する」ためには、人は琵琶湖に浮かび、琵琶湖と人とが創り上げてきた共生の歩みに学ぶ必要がある。「うみのこ」で子供たちが浮かぶように、琵琶湖に浮かび、琵琶湖が語る四〇〇万年の歴史に静かに耳を傾けてみてはどうだろうか。そもそも、移動を目的とせずに、移動手段である船に乗る事自体が、非日常的な世界に身を置くことであり、人の感性は研ぎ澄まされる。

人が自然を体感しようとするとき、例えばそれが山であれば、多大な労力を費やさなければ、そこに行き着くことはできない。お年寄り、障害者が自然の懐に抱かれようと欲しても、それは、容易には叶えられない。しかし、船は、老若男女、障害者を問わず琵琶湖（自然）のまっただ中に人を誘《いざな》う。そして、琵琶湖（自然）は、人間が「平和」と共に、希求して止まない「人間と自然の持続的共生関係」の構築について、明快な答えを与えてくれるに違いない。「あなたは自然の一員です。」と。

琵琶湖の船に限らず、船が持つ現代、未来的な可能性は、人を自然という、本来、最も人間にとって親しいはずの異世界に人を誘う、まさに「箱船」としての役割にあるのではなかろうか。

船が運んだ石の文化

—近江における笏谷石製遺品—

山下　立

石廟　幡岳院蔵

石廟内部中央に「慶長十□年」銘の宝篋印塔を安置し、奥壁左右に勢至・観音菩薩立像を浮彫する。細緻な笏谷特有の彫技を見せ、石塔も月輪の周囲に小蓮弁を巡らせ、基礎正面に竪連子と格狭間を現わす越前式の荘厳が施される。

同内部　浮彫観音菩薩立像

はじめに

船に積み込まれて、笏谷石《しゃくだにいし》は全国各地へと伝播した。笏谷石とは、福井市足羽山《あすわやま》山麓の通称笏谷地区で採掘される良質の凝灰岩《ぎょうかいがん》のことで、やや青味がかって美しく、緻密・軟質で加工に適しているため、古くから石造物の素材として用いられてきた。ただし、福井市西部の別畑《べつばた》地区で産出する別畑石など、色調の異なる同種の越前産石材を含んでこの名で呼ばれることが多く、あるいは総称して越前石ともいう。ここでは慣例に従い、越前産凝灰岩全般を笏谷石として記述を進めることにする。

笏谷石利用の歴史は古く、すでに古墳時代には石棺として加工されている。石塔などの宗教文化財の材料として用いられるようになるのは鎌倉時代以降で、特に十六世紀になると、一大石材産業として発展し、石仏・石塔から日用雑器に至るまで、多様な製品に加工され、日本海海運などによって各地に流通した。その分布範囲は、内陸部は中京から近畿一円にかけて、沿岸部は北陸から山陰・東北、さらに北海道に至る。

そして近江にもまた、笏谷石製石造物が種々分布する。その分布状況は、必ずしも稠密《ちゅうみつ》というわけではないけれども、石仏・石塔・石廟《せきびょう》・狛犬・神猿・容器などにわたる各種の遺品が県下一円に点在しており、管見によれば江戸期以前に遡るものだけでも二〇件以上、点数にして六〇点にものぼっている。概ね陸路を移送されてきたと考えられる湖北の遺品を除き、その多く

A43 石造狛犬　宝厳寺蔵
本展の事前調査で見い出された作品。無銘ながら、同じ長浜市に遺る文禄３年（1594）銘日吉神社像と近似する作風を示しており、これとほぼ相前後する時期の制作と推定される。

は、江北の港から船に積まれて搬送されたものだろう。いわば、琵琶湖の船が運んだ物資の代表選手の一人ということになる。本展で笏谷石製品を取り上げる所以であり、これにより往時の越前との交流を偲ぶよすがとしよう。

石仏・石塔・石廟

さて本展では、各種の遺品のうち、移動が可能な狛犬中心に展示するが、本稿では展示品以外のものも含め、近江における笏谷石製遺品の概要について記しておきたい。

まず石仏では、天台真盛宗の本山である大津市西教寺の天文十九年（一五五〇）銘六地蔵石仏が挙げられる。県内に遺存する笏谷石製品として在銘最古に当るもので、同寺の真恵上人三十三回忌の追善供養などを目的として造立された。次いで、同じく西教寺の天正十二年（一五八四）銘阿弥陀二十五菩薩石仏が知られている。栗太郡の富田《とみた》民部進《みんぶのしん》が亡き愛娘の往生極楽を祈念して造像したもので、類例の少ない阿弥陀二十五菩薩の彫刻作品としてまことに貴重な事例である。ことに、阿弥陀如来像を中心に、さまざまに楽器を奏でる二十五菩薩と侍立《じりつ》する不動明王・毘沙門天の二像が完存するのは特筆すべきである。

石塔では、西教寺とも関係の深い大津市聖衆来迎寺《しょうじゅらいごうじ》の五輪塔が文禄四年（一五九五）、同寺の板碑型墓碑が少し下って寛永二十年（一六四三）の在銘品で、このほか、守山市大光寺に一石宝篋《ほうきょう》印塔が二基伝存している。

続いて石廟。これは、笏谷の石工たちにとってお家芸と言ってよいジャンルの一つで、県下では米原市清瀧寺徳源院の京極高次廟がその本格的な作品として著名である。正面左右に不動と毘沙門各立像、上部に対向する天人を浮彫し、廟内には慶長十四年（一六〇九）在銘の宝篋印塔を安置する。これほど本格的な廟ではないが、高島市幡岳院《ばんがくいん》にも、慶長十□年銘の柴田帯刀《たてわき》廟が立っている。地元以外ではほとんど知られていないと思われるので、外観と内部の写真を掲げ、参考に供しておこう（一三二頁）。中央に宝篋印塔を安置し、廟内奥壁に勢至・観音立像を浮彫する（通常とは逆の配列）。現状では、廟の表面がかなり劣化しているのが惜しまれるが、笏谷らしい細緻な彫刻面をうかがうことができる。この他、上記の西教寺、日野町誓善寺にも石廟が遺存する。前者は小型ながらも奥壁に弥陀三尊を浮彫し、宝篋印塔を奉安している。

なお、石塔を中心に、笏谷石製遺品特有の意匠が広く用いられており、越前式荘厳と呼び慣らわしている。その一つは、月輪の形式である。月輪とは、蓮華座上の種子のまわりを囲む円相のことであるが、笏谷ではさらに円相の周囲に小蓮弁を巡らせて装飾するのを通例とする。いま一つは、宝篋印塔に用いられる意匠で、基礎の一面に四つの区画を作り、上部の二つに竪連子、下の二つに格狭間を現わすものである。前者は、聖衆来迎寺の五輪塔、徳源院や幡岳院の石廟内安置の宝篋印塔などの他、西教寺阿弥陀二十五菩薩石仏中尊像の舟形光背上部にも見られ、後者は上記石廟内の塔で行われている。

A44 石造狛犬（阿形像上半身右斜側面）
日吉神社（甲良町）蔵
二段に作るたてがみ、体部に比べて小振りの面部、すらりと伸びた前肢など、県内に遺存する作例の中では特異な形状を見せる。一対像は120頁参照。

狛犬その他

狛犬はある程度遺品に恵まれており、紀年銘遺品も三件にのぼっている。そのうち、大津市若宮神社像（A41）と長浜市日吉神社像（A42、一一九頁）の二例が文禄三年（一五九四）銘である。ともに、台座共一石から彫成される笏谷石製狛犬特有の作品である。毛束の先端を巻かないたてがみ、前肢の付け根に刻まれた一条の旋毛など、十六世紀末の様式をよく備えている。本展の事前調査にて見い出された、宝厳寺像（A43、一二三頁）も、後者と近似する作風を示しており、これらと相前後する時期の遺品と考えられる。

なお、日吉神社像（A42）は相好が幾分怪異で、ことに下顎から牙をむく阿形《あぎょう》像の面貌表現は、鬼瓦の造形を思わせるところがある。笏谷石の石工たちは、石造鬼瓦の生産にも従事しており、本像にはそうした造形上の関連性を指摘することができよう。

文禄銘に次ぐ在銘品が、慶長十九年（一六一四）銘の長浜市湯次《ゆすき》神社像である。文禄の狛犬と制作時期は二〇年ほどの隔たりしかないが、作風はかなり変容し、愛玩動物的な色合いを一段と強めている。

一方、甲良町日吉神社像（A44）になると、二段に作るたてがみ、体部に比べてかなり小振りの面部、すらりと伸びた前肢など、上記の作例とは体型・姿態が大きく異なっている。あえて近い作風の像を探すならば、体形やたてがみの形状が共通する慶長十五年（一六一〇）銘の愛知・糟目犬頭《かすめけんとう》神社像あたりを例示することができる。慶長十五年といえば、湯次神社像とほぼ同時期に当るが、両像の間の造形上の隔たりは大きい。このことは、作風・技量の異なる石工が同時期に活動していたことを示すものであり、作行の違いは石工各自の技量に左右される側面が大きいことを意味していよう。日吉神社像（A44）についても、概ね十七世紀初頭の制作と推察する所以である。

石造狛犬　小谷神社蔵
浅井氏の本拠、小谷城址に建つ長浜市小谷神社に伝来する笏谷石製狛犬。あるいは浅井氏滅亡以前の制作である可能性もあるのだが、残念ながら、現状では損傷が著しい。

狛犬の中からもう一例、長浜市小谷神社像に触れておきたい。本像で注意されるのは、大きく開けた阿形像の口、毛束の先端を巻くたてがみ、とぐろ状に巻く三条の尾など、上記の諸例よりも古様な形式を備えていることである。或いは、浅井氏滅亡以前の作と見ることも可能だが、残念ながら、現状ではかなり損傷が目立っている。参考までに、本像の写真を上に掲げておくことにしよう。

その他の作例としては、天正十六年（一五八八）銘長浜市須賀神社神猿、安土城跡伝本丸跡出土容器（一二一頁）や小谷城跡出土バンドコ（火箱）などが知られている。このうち神猿は、狛犬と同じく台座共一石から彫出されたもので、両膝を屈して両手に宝珠状（桃か）の持物を捧げ持つ珍しい遺品で、笏谷石製遺品に止まらず、石造神猿彫像の中でも在銘最古に当っている。各城址の出土品は、日常の具として用いられたものである。

おわりに—笏谷石製品の流通—

以上見てきたように、十六世紀半ば頃から越前笏谷石製の多彩な作品が近江に移入されてきた。その伝播の由縁も様々で、例えば西教寺とその周辺の遺品は、真盛上人をはじめ、天台真盛宗の系統が北陸に教線を伸ばしていたことに求められよう。また、小谷神社狛犬や小谷城址出土品などは、この地を領有していた浅井氏と越前朝倉氏との同盟関係によって運ばれたと推察される。武将との関わりで言えば、徳源院京極高次廟もまた、高次が一時小浜城主となって、若狭・越前を領有した関係からと考えられている。

このように、笏谷石の遺品は、石造美術としても特異な位置を占めるとともに、動乱期の歴史を物語る資料としても興味深い内容を持っている。但し、近江における笏谷石製品は、他地域に比べ系統的に研究がなされてこなかった。また、県内の笏谷石製遺品が展示される機会も少なく、県立琵琶湖文化館の特別展「動物の造形」（平成十四年）において、（　）日吉神社像（A42、一一九頁）と大津市不動寺像の二対の狛犬と須賀神社神猿の三例が陳列されて以来ほとんどなかった。このたび、はじめて文禄銘の二例が揃い、あわせてこれらを含む五作品がまとまって出品されることになった。各作品を比較しながら、その独特の造形を鑑賞し、笏谷石文化に関心を深めて頂く機会になれば幸いである。

◎　重要文化財
△　滋賀県指定文化財

A38		絹本著色弁才天像		江戸時代	1幅	宝厳寺
A39		木造弁才天坐像		弘治3年(1557)	1躯	宝厳寺
A40		木造弁才天坐像		室町	1躯	千光院(当館寄託)
A41		石造狛犬		文禄3年(1594)	1対	若宮神社
A42		石造狛犬		文禄3年(1594)	1対	日吉神社
A43		石造狛犬		桃山時代	1対	宝厳寺
A44		石造狛犬		桃山時代	1対	日吉神社
A45		安土城伝本丸跡出土笏谷石製容器		桃山時代	1口	滋賀県教育委員会

Ⅵ　今日は今津か長浜か～琵琶湖観光

A46		大津港風景画		近代	1点	琵琶湖汽船株式会社
A47		琵琶湖観光ポスター		近代	1式	琵琶湖汽船株式会社
A48		玻璃丸　常夜灯		近代	2点	琵琶湖汽船株式会社
A49		玻璃丸　航海灯		近代	2点	琵琶湖汽船株式会社
A50		玻璃丸　操舵輪		近代	1点	琵琶湖汽船株式会社
A51		玻璃丸　一般配置図		近代	1点	琵琶湖汽船株式会社
A52		警鐘		近代	1点	琵琶湖汽船株式会社
A53		エンジン制御板		近代	1点	琵琶湖汽船株式会社
A54		コンパス		近代	1点	琵琶湖汽船株式会社
A55		インターラーケンⅠエンブレム		近代	1点	琵琶湖汽船株式会社
A56		MEGUMI　模型		近代	1点	琵琶湖汽船株式会社
A57		MEGUMI　盾		近代	1点	琵琶湖汽船株式会社
A58		ミシガン一般配置図		近代	1点	琵琶湖汽船株式会社
A59		ミシガン　模型		近代	1点	琵琶湖汽船株式会社
A60		固定席艇　舵	彦根市金亀町 彦根東高校ボート部	近代	1点	滋賀県立琵琶湖博物館
A61		固定席艇　オール	彦根市金亀町 彦根東高校ボート部	近代	2点	滋賀県立琵琶湖博物館
A62		固定席艇　模型		近代	1点	琵琶湖周航の歌資料館

Ⅶ　われはうみのこ～琵琶湖を学ぶ

A63		湖の子竣工記念碑		近代	1点	滋賀県立びわ湖フローティングスクール
A64		フローティングスクール旗		近代	1点	滋賀県立びわ湖フローティングスクール
A65		うみのこ　模型		近代	1点	滋賀県立びわ湖フローティングスクール
A66		うみのこ　一般配置図		近代	1点	滋賀県立びわ湖フローティングスクール
A67		うみのこ　玄外彩色要領完成図		近代	1点	滋賀県立びわ湖フローティングスクール
A68		うみのこ　スクリュー		近代	1点	滋賀県立びわ湖フローティングスクール
A69		うみのこ　救命浮輪		近代	1点	滋賀県立びわ湖フローティングスクール
A70		うみのこ　食堂食器類		近代	1式	滋賀県立びわ湖フローティングスクール
A71		うみのこ　船長制服・制帽		近代	1式	滋賀県立びわ湖フローティングスクール
A72		うみのこ　水調べ用水槽		近代	1点	滋賀県立びわ湖フローティングスクール
A73		キャンドルセレモニー燭台		近代	1点	滋賀県立びわ湖フローティングスクール
A74		キャンドルセレモニー女神衣装		近代	1式	滋賀県立びわ湖フローティングスクール
A75		ヤシの実		近代	1点	滋賀県立びわ湖フローティングスクール
A76		ロープワークの紹介パネル		近代	1点	滋賀県立びわ湖フローティングスクール
A77		湖の子　文集		近代	3冊	滋賀県立びわ湖フローティングスクール
A78		湖の子周航歌「希望の船」CD		近代	1枚	滋賀県立びわ湖フローティングスクール
A79		湖の子周航歌「希望の船」楽譜		近代	1点	滋賀県立びわ湖フローティングスクール

滋賀県立安土城考古博物館

企画展「湖の船が結ぶ絆～天智天皇、信長の大船 そして うみのこ～」

展示資料一覧

(会期：平成 24 年 7 月 14 日～ 9 月 2 日)

番号	指定	資料名	遺跡名・所在地	時代	員数	所蔵者

Ⅰ　やすみしし我が大君の大御船～大船の誕生

番号	指定	資料名	遺跡名・所在地	時代	員数	所蔵者
A1		組鳥居	大津市貴船神社	現代	1式	浜口貴船講
A2		日本書紀		現代	1冊	滋賀県立安土城考古博物館
A3		船形埴輪	栗東市新開古墳	古墳時代	1点	栗東歴史民俗博物館
A4		天智大船　模型		現代	1点	滋賀県立安土城考古博物館
A5		準構造船　模型(大)		現代	1点	滋賀県立琵琶湖博物館
A6		準構造船　模型(小)		現代	1点	滋賀県立琵琶湖博物館
A7		準構造船　部材	守山市赤野井浜遺跡	弥生時代（前期～中期）	3点	滋賀県教育委員会
A8		準構造船　部材	東近江市石田遺跡	古墳時代(前期)	1点	東近江市教育委員会
A9		淦取り	高島市針江北遺跡	古墳時代(前期)	1点	滋賀県教育委員会
A10		淦取り	彦根市須越町	昭和時代	1点	滋賀県立琵琶湖博物館
A11		櫂	守山市赤野井浜遺跡	弥生時代（前期～中期）	2点	滋賀県教育委員会
A12		櫂	高島市針江北遺跡	古墳前	1点	滋賀県教育委員会

Ⅱ　魚一巻きたりともとり流したれば～塩津湊遺跡の世界

番号	指定	資料名	遺跡名・所在地	時代	員数	所蔵者
A13		船形代	長浜市塩津港遺跡	平安時代	2点	滋賀県教育委員会
A14		起請文木簡	長浜市塩津港遺跡	平安時代	2点	滋賀県教育委員会
A15		神像	長浜市塩津港遺跡	平安時代	5躯	滋賀県教育委員会
A16		建築部材	長浜市塩津港遺跡	平安時代	1括	滋賀県教育委員会
A17		舟形木製品	草津市北萱遺跡	古墳時代(前期)	1点	滋賀県教育委員会
A18		塩津港出土船復元模型		現代	1点	滋賀県立安土城考古博物館

Ⅲ　耳目を驚かすばかり也～信長の大船

番号	指定	資料名	遺跡名・所在地	時代	員数	所蔵者
A19		信長公記(上巻)		江戸時代	1冊	滋賀県立安土城考古博物館
A20		信長大船　模型		現代	1点	滋賀県立安土城考古博物館

Ⅳ　湖上浦々へも廻船～丸子船の世界

番号	指定	資料名	遺跡名・所在地	時代	員数	所蔵者
A21		丸子船　舵	長浜市尾上	昭和時代	1点	滋賀県立琵琶湖博物館
A22		丸子船　模型		現代	1点	滋賀県立琵琶湖博物館
A23		櫓	長浜市菅浦	昭和	1点	滋賀県立琵琶湖博物館
A24		丸子船　断面模型		現代	1点	滋賀県立琵琶湖博物館
A25		丸子船　船提灯	北淡海・丸子船の館保管	昭和時代	1点	個人蔵
A26		丸子船　船札	北淡海・丸子船の館保管	昭和時代	1点	個人蔵
A27		三国丸模型	高島市歴史民俗資料館保管	現代	1点	馬場明神講
A28		三国丸絵図		江戸	1点	個人蔵

Ⅴ　湖上平穏　心願成就～船への心象

番号	指定	資料名	遺跡名・所在地	時代	員数	所蔵者
A29		浅野長吉制札		天正15年(1587)	1点	長浜市長浜城歴史博物館
A30	◎	板絵著色安南渡海船額		江戸時代	1面	日牟禮八幡宮
A31		板絵著色安南渡海船額模写額		江戸時代	1面	日牟禮八幡宮
A32		板絵著色船絵馬	西川貞二郎奉納	明治時代	1面	日牟禮八幡宮
A33		紙本著色日吉山王祭礼図屏風		江戸時代	6曲1隻	滋賀県立琵琶湖博物館
A34		紙本著色日吉山王祭礼図屏風		江戸時代	6曲1双（のうち）1隻	滋賀県立琵琶湖博物館
A35		紙本著色日吉山王祭礼図屏風		江戸時代	6曲1双	大津市歴史博物館
A36		紙本著色竹生島祭礼図		江戸時代	1幅	大和文華館
A37	△	絹本著色弁才天像		南北朝時代	1幅	宝厳寺

B34	印　内国通運(株)長浜取扱店吉田清吉	吉田長蔵氏旧蔵資料【旧番号　121】		1顆	物流博物館	2.8×2.8×5.3
B35	印　鉄道運送会社長浜代理店吉田長作	吉田長蔵氏旧蔵資料【旧番号　122】		1顆	物流博物館	2.6×2.3×5.7
B36	印　長浜○通吉田	吉田長蔵氏旧蔵資料【旧番号　123】		1顆	物流博物館	3.5×1.8×5.8
B37	印　長浜近江水陸運送会社	吉田長蔵氏旧蔵資料【旧番号　124】		1顆	物流博物館	3.8×2.4×4.0
B38	印　滋賀県運送業副取締人吉田長作	吉田長蔵氏旧蔵資料【旧番号　125】		1顆	物流博物館	1.5×1.5×4.2
B39	版木　預り券	吉田長蔵氏旧蔵資料【旧番号　135】		1枚	物流博物館	17.5×9.2×1.7
B40	版木　送り券	吉田長蔵氏旧蔵資料【旧番号　136】		1枚	物流博物館	27.3×12.3×2.0
B41	矢立	吉田長蔵氏旧蔵資料【旧番号　132】		1本	物流博物館	長20.6　幅3.9　高5.2
B42	物貨出入簿	吉田長蔵氏旧蔵資料【旧番号　137】	明治12年	1冊	物流博物館	36.6×13.6×3.7
B43	営業鑑札	吉田長蔵氏旧蔵資料【旧番号　149】	明治20年	1枚	物流博物館	12.2×9.1
B44	鉄道唱歌	吉田長蔵氏旧蔵資料【旧番号　154】	明治43年	1冊	物流博物館	18.6×13.1×0.3
B45	費用徴収簿(長浜駅伝)	吉田長蔵氏旧蔵資料【旧番号　155】	明治19年7月～明治20年3月	1冊	物流博物館	25.2×17.8×1.7
B46	汽車汽船時刻表	吉田長蔵氏旧蔵資料【旧番号　160】	明治19年3月15日	1枚	物流博物館	16.8×9.4

②塩津の運送店

B47	木札　「船乗雇入証票」	中島静信氏旧蔵資料【旧番号　743-1】		1枚	物流博物館	9.1×7.0×0.9
B48	木札　「船乗雇入証票」	中島静信氏旧蔵資料【旧番号　743-2】		1枚	物流博物館	9.1×7.0×0.9
B49	木札　「船乗雇入証票」	中島静信氏旧蔵資料【旧番号　743-3】		1枚	物流博物館	9.1×7.0×0.9
B50	木札　「船乗雇入証票」	中島静信氏旧蔵資料【旧番号　743-4】		1枚	物流博物館	9.1×7.0×0.9
B51	荷物逓送帳	中島静信氏旧蔵資料【旧番号　751】	明治20年代	1冊	物流博物館	12.0×33.3×3.8
B52	湯呑	中島静信氏旧蔵資料【旧番号　740】		1口	物流博物館	径6.7　高6.8
B53	盃　以呂波丸	中島静信氏旧蔵資料【旧番号　750-1】		3口	物流博物館	径6.3　高3.2
B54	汽船以呂波丸皆出来御届	片山源五郎家文書	明治8年4月12日	1冊	個人	24.7×17.0
B55	盃　湖幸丸	中島静信氏旧蔵資料【旧番号　750-2】		1口	物流博物館	径6.3　高3.2
B56	盃　本山丸　旗の絵	中島静信氏旧蔵資料【旧番号　750-3】		1口	物流博物館	径6.7　高3.0
B57	カンテラ　赤　舷灯	中島静信氏旧蔵資料【旧番号　744】		1基	物流博物館	高30.0(取っ手まで39.0)　幅28.0　奥行22.5
B58	カンテラ　緑　舷灯	中島静信氏旧蔵資料【旧番号　745】		1基	物流博物館	高30.5(取っ手まで39.0)　幅26.5　奥行22.5

③引き札に見る運送店の繁栄

B59	吉田長作引き札	片桐清七コレクション		1枚	長浜市長浜城歴史博物館蔵	38.1×29.8
B60	共同運搬会社引き札	片桐清七コレクション		1枚	長浜市長浜城歴史博物館蔵	34.6×51.8
B61	吉田運送店引き札	片桐清七コレクション		1枚	長浜市長浜城歴史博物館蔵	34.8×56.0
B62	他家運搬会社引き札	片桐清七コレクション		1枚	長浜市長浜城歴史博物館蔵	37.2×50.9
B63	北川利平引き札	片桐清七コレクション		1枚	長浜市長浜城歴史博物館蔵	26.9×38.0
B64	徳田吉弥引き札	片桐清七コレクション		1枚	長浜市長浜城歴史博物館蔵	35.8×23.9
B65	両儀運送店引き札	片桐清七コレクション		1枚	長浜市長浜城歴史博物館蔵	37.0×51.6
B66	中川利右衛門引き札	片桐清七コレクション		1枚	長浜市長浜城歴史博物館蔵	25.8×37.4

長浜市長浜城歴史博物館

企画展「湖の船が結ぶ絆～鉄道連絡船と汽船の時代～」

展示資料一覧

(会期：平成24年7月21日～9月2日)

番号	資料名	出典	年代	員数	所蔵者	法量（縦×横×厚）
Ⅰ丸子船から汽船の時代へ						
①丸子船の時代						
B1	琵湖泊船図	中川雲屏『山水真写』より	弘化2年頃	1冊	本館蔵	23.2×16.4
B2	月出集落図	中川雲屏『湖中勝景』より	天保2年	1冊	本館蔵	23.2×16.9
B3	江州領内湖水船数改帳留	片山源五郎家文書	元禄3年12月	1冊	個人	27.9×19.8
B4	船員数取調帳	吉川三左衛門文書	明治4年	1冊	個人	24.6×17.3
B5	船方改鑑札	吉田長蔵氏旧蔵資料	明治7年1月	1枚	物流博物館	20.7×26.8×1.7
B6	船方改鑑札		明治7年6月	1枚	長浜市長浜城歴史博物館	20.7×30.4×1.5
②汽船の時代						
B7	汽船長運丸之図下絵	中村ヨシ氏寄贈資料	明治6年頃	1枚	長浜市長浜城歴史博物館	27.2×37.8
B8	汽船新造金請取状	中村ヨシ氏寄贈資料	明治7年9月30日	1通	長浜市長浜城歴史博物館	24.9×33.6
B9	湖上汽船規則通達書	宮川庄三郎家文書	明治7年12月7日	1冊	滋賀大学経済学部附属史料館	24.3×16.8
B10	湖龍丸検査証	中村ヨシ氏寄贈資料	明治8年1月29日	1通	長浜市長浜城歴史博物館	24.4×35.5
B11	汽船乗客心得	中村ヨシ氏寄贈資料	明治9年4月6日	1通	長浜市長浜城歴史博物館	27.4×269.2
B12	汽船湖水丸之図	中村ヨシ氏寄贈資料	明治時代(前期)	1枚	長浜市長浜城歴史博物館	38.3×51.4
B13	長浜汽船湖東丸図	藤田信義氏寄贈資料	明治時代(前期)	1枚	長浜市長浜城歴史博物館	39.0×51.4
B14	湖水蒸気船金亀丸之図		明治時代(前期)	1枚	長浜市長浜城歴史博物館	25.7×37.9
B15	乗船札	中村ヨシ氏寄贈資料	明治時代(前期)	1式	長浜市長浜城歴史博物館	16.0×6.0等
B16	近江国琵琶湖竹生嶋図		明治時代	1枚	長浜市長浜城歴史博物館	39.3×54.5
Ⅱ　鉄道の敷設と長浜湊						
B17	長浜駅構内図	鉄道院交渉【明と-24】		1枚	滋賀県	59.0×169.5
B18	中之郷村停車場略図	地理掛書類(鉄道一件)【明と-3】	明治18年2月25日	1枚	滋賀県	27.3×31.6
B19	鉄道蒸気車駅(駅)走図	鉄道建築事件書類編冊【明と-1】		1枚	滋賀県	22.9×128.8
B20	長浜港略図	養水・長浜港改修・国友今村要録【明ぬ-121】	明治13年10月23日	1枚	滋賀県	27.5×41.8
B21	長浜関ヶ原間鉄道布設告諭書	地理掛書類(鉄道一件)【明と-18】	明治15年5月23日	1冊	滋賀県	22.8×16.2
B22	井ノ口村停車場設置願書付図	地理掛書類(鉄道一件)【明と-21】	明治15年11月17日	1枚	滋賀県	38.2×52.3
B23	長浜大手町北部停車場増設願付図	鉄道事件書類【明と-19】	明治16年4月7日	1枚	滋賀県	27.2×35.0
B24	十里村地券取調総絵図		明治6年8月15日	1枚	長浜市長浜城歴史博物館	253.8×146.2
B25	鉄道設置ニ付陸揚物品簿	吉川三左衛門文書	明治13年11月20日	1冊	個人	12.4×33.0
B26	鉄道測量障碍木伐採手当数取調書ひな形	長浜聯合町戸長役場日誌(明治13年3月1日～)	明治13年	1冊	長浜市長浜城歴史博物館	24.6×16.8
B27	鉄道線落成ニ付回達	長浜聯合町戸長役場日誌(明治15年1月4日～)	明治15年3月9日	1冊	長浜市長浜城歴史博物館	23.7×16.5
B28	長浜駅々伝取締所旅篭料金表	藤井潤一氏寄贈資料)	明治19年9月	1枚	長浜市長浜城歴史博物館	65.0×50.4
Ⅲ　運送店の繁栄						
①長浜の運送店						
B29	三組盃	吉田長蔵氏旧蔵資料【旧番号134】 桐箱あり　箱表書きあり		3口	物流博物館	大　径 120　高3.8 中　径 10.3　高3.3 小　径 8.7　高2.8
B30	焼印	吉田長蔵氏旧蔵資料【旧番号　126】		1本	物流博物館	長360　(印) たて4.8×よこ3.5
B31	印　長浜駅駅伝取締所	吉田長蔵氏旧蔵資料【旧番号　118】		1顆	物流博物館	4.3×4.3×5.7
B32	印　滋賀県運送業取締長浜出張所	吉田長蔵氏旧蔵資料【旧番号　119】		1顆	物流博物館	4.4×4.4×5.8
B33	印　長浜町運送業組合章	吉田長蔵氏旧蔵資料【旧番号　120】		1顆	物流博物館	4.1×4.1×6.3

主な参考文献

琵琶舟運の歴史

《琵琶湖の湖上交通》

東幸代「彦根藩の水運政策と船奉行―十七世紀後半期を中心に―」（藤井譲治編『彦根藩の藩政機構』二〇〇三年）

東幸代「近世における琵琶湖舟運の構造」（『市場史研究』二九、二〇一〇年）

東幸代「琵琶湖の舟運」（滋賀県立大学人間文化学部地域文化学科『大学的滋賀ガイド―こだわりの歩き方』二〇一一年）

木之本町教育委員会『木之本の文化財』（古文書編Ⅰ・Ⅱ　年々萬日記、一九九三年・一九九四年）

木村至宏「琵琶湖の湖上交通の変遷」（木村至宏編『近江の歴史と文化』一九九五年）

財団法人滋賀県文化財保護協会編『古代地方木簡の世紀　西河原木簡から見えてくるもの』（サンライズ出版、二〇〇八年）

財団法人滋賀県文化財保護協会編『琵琶湖をめぐる交通と経済力』（サンライズ出版、二〇〇九年）

杉江進『近世琵琶湖水運の研究』（思文閣出版、二〇一一年）

毛利美和「彦根三湊・大津百艘船舟積争論の展開と彦根藩（一）」（『彦根城博物館　研究紀要』一一、二〇〇〇年）

《琵琶湖と海を接続せよ！》

京都市水道局編『琵琶湖疏水の百年』（一九九〇年）

杉江進「田沼政権と琵琶湖の新田開発計画」（『大津市歴史博物館研究紀要』六、一九九八年）

谷口嘉六・宮部義男『日本海と大阪湾を結ぶ水運の連絡』（宝文館、一九三五年）

琵琶湖の船の変遷

《丸子船》

石井謙治『図説和船史話』（至誠堂、一九八三年）

大沼芳幸・杉立繁雄編『現存漁具記録調査報告』（『琵琶湖博物館研究調査報告』七、一九九九年）

河野通明「琵琶湖の丸子船と信長の「大船」との接点」（『民具研究』一二四、二〇〇一年）

河野通明「描き分けられていた琵琶湖の船―挿絵絵師たちのこだわり発見！―」（神奈川大学日本常民文化研究所『収蔵品展　版本挿絵のウソ・ホント―絵画資料の資料学―』、二〇〇八年）

杉江進『近世琵琶湖水運の研究』（思文閣出版、二〇一一年）

杉立繁雄『琵琶湖の伝統的木造船　丸子船の概要』（琵琶湖和船研究会（私家本）、二〇一一年）

橋本鉄男（用田政晴編）『丸子船物語―橋本鉄男最終琵琶湖民俗論―』（サンライズ印刷出版部、一九九七年）

用田政晴・牧野久実編『丸子船の復元　琵琶湖最後の帆走木造船』（『琵琶湖博物館開設準備室研究調査報告』四、一九九五年）

用田政晴・牧野久実編『よみがえる丸子船　琵琶湖最後の伝統的木造船復元展示記録』（『琵琶湖博物館研究調査報告』13号、一九九九年）

用田政晴・牧野久実編『第7回企画展　木造船にみる知恵と工夫―』（滋賀県立琵琶湖博物館、一九九九年）

用田政晴『信長　船づくりの誤算―湖上交通史の再検討―』（サンライズ出版、一九九九年）

用田政晴編『企画展示『湖の船』開催記録　琵琶湖最後の船大工・松井三四郎大いに語る』（『琵琶湖博物館研究調査報告』一九、二〇〇三年）

用田政晴『湖と山をめぐる考古学』（サンライズ出版、二〇〇九年）

《蒸気船から汽船へ》

市立長浜城歴史博物館『みずうみに生きる―琵琶湖の漁撈と舟運―』（一九八九年）

『新修大津市史　五　近代』（一九八二年）

『長浜市史　第四巻　市民の台頭』（二〇〇〇年）

『滋賀県史　第四巻　最近世』（一九二八年）

太湖汽船株式会社『太湖汽船の五十年』（一九三七年）

琵琶湖汽船株式会社『琵琶湖汽船百年史』（一九八七年）

大津市歴史博物館『琵琶湖の船―丸木舟から蒸気船へ―』（一九九三年）

敦賀市立博物館『敦賀長浜鉄道物語～敦賀みなとと鉄道文化～』（二〇〇六年）

長浜市総務部企画課『写真集・長浜百年』（一九八〇年）

毎日新聞社『滋賀百年』（一九六八年）

琵琶湖の湊　北と南の起点
《塩津港遺跡から見える湊の繁栄》
財団法人滋賀県文化財保護協会『丸木舟の時代―びわ湖と古代人』（サンライズ出版、二〇〇七年）
《琵琶湖舟運の南の起点・大津》
大津市歴史博物館『琵琶湖の船―丸木舟から蒸気船へ―』（一九九三年）
杉江進『近世琵琶湖水運の研究』（思文閣出版、二〇一一年）

湖北の要港・長浜の繁栄
《鉄道敷設と連絡船の就航》
江竜喜之「明治初期の湖北における鉄道敷設―とくに路線の変更について―」（『近江地方史研究』二〇、一九八五年）
門上光夫「交通の変貌」（長浜市『長浜市史』四、二〇〇〇年）
佐々木義郎『琵琶湖の鉄道連絡船と郵便逓送』（成山堂書店、二〇〇三年）
敦賀市立博物館『敦賀長浜鉄道物語～敦賀みなとと鉄道文化～』（二〇〇六年）
長浜市総務部企画課『写真集・長浜百年』（一九八〇年）
《汽船会社と運送店が残した史料》
『新修大津市史　五　近代』（一九八二年）
『長浜市史　第四巻　市民の台頭』（二〇〇〇年）
物流博物館『物流博物館の収蔵資料～日本通運（株）コレクションから～』（二〇一〇年）

琵琶湖の近代
《琵琶湖観光と船》
小沢晴司『琵琶湖国定公園の景観に関する研究』（二〇一一年）
琵琶湖汽船株式会社『琵琶湖汽船百年史』（一九八七年）
《うみのこ物語》
滋賀県立びわ湖フローティングスクール『「湖の子」生活学習の展開と実践』（一九八四年）
滋賀県立びわ湖フローティングスクール『建造記録　湖の子誕生』（一九八四年）
滋賀県立びわ湖フローティングスクール『湖の子航跡』（一九八九年）
滋賀県立びわ湖フローティングスクール『湖の子』（一九九〇年）
滋賀県立びわ湖フローティングスクール『「湖の子」10年のあゆみ』（一九九三年）

《琵琶湖を駆けた伝道船》
奥村直彦『ヴォーリズ評伝　日本で隣人愛を実践したアメリカ人』（有限会社港の人、二〇〇五年）

船が運ぶもの
《神仏を運ぶ船》
景山春樹『神道美術』（角川書店、一九七三年）
滋賀県立琵琶湖文化館　特別展図録『日吉山王権現』（一九九一年）
滋賀県立安土城考古博物館　特別展図録『武将が縋った神仏たち』（二〇一一年）
《船が運んだ文化》
川勝政太郎「笏谷石文化について」（『史迹と美術』四二一号、一九七二年）
三井紀生『越前笏谷石』（全三冊、福井新聞社、二〇〇二～〇九年）

協力機関・協力者一覧（敬称略、五十音順）

●滋賀県立安土城考古博物館
企画展
「湖の船が結ぶ絆～天智天皇、信長の大船そしてうみのこ」

安土城郭調査研究所
ヴォーリズ記念館
大津市歴史博物館
北淡海・丸子船の館
公益財団法人近江兄弟社
公益財団法人大和文華館
滋賀県教育委員会
滋賀県立琵琶湖博物館
滋賀県立びわ湖フローティングスクール
滋賀県立琵琶湖文化館
千光院
高島歴史民俗資料館
高月観音の里歴史民俗資料館
長浜観光協会
長浜市長浜城歴史博物館
長浜鉄道スクエア
馬場明神講
浜口貴船講
東近江市教育委員会
日牟禮八幡宮
日吉神社
琵琶湖汽船株式会社
琵琶湖周航の歌資料館
宝厳寺
南大萱資料室
栗東歴史民俗博物館
若宮神社

青木　正士
雨森　智美
上野　良信
尾崎　耕介
岳　　尋幸
川戸　良幸
河原林磐
北村　大輔
木津　勝
國松　巌太郎
小森　治次
白井　忠雄
杉立　繁雄
須原　紀彦
田中　耕三郎
津田　弘道
中藤　容子
野瀬　喜久男
橋本　道範
馬場　正則
福田　由里子
藤田　宗太郎
古川　史隆
松下　茂生
松下　浩
峰　　覚雄
宮崎　もも
村井　佳子
山本　晃子
横田　洋三
横谷　賢一郎
和田　光生

●長浜市長浜城歴史博物館
企画展
「湖の船が結ぶ絆～鉄道連絡船と汽船の時代～」

観音寺（草津市）
財団法人滋賀県文化財保護協会
滋賀県総合政策部県民活動生活課県民情報室
滋賀大学経済学部附属史料館
鉄道博物館（埼玉県）
彦根市立図書館
物流博物館（東京都）

五十嵐健一
片山　源紀
西川　浄海
玉井　幹司
堀井　靖枝
三田　芳美
吉川　圭二
吉田　慎一郎

※このリストには、本書作成に当って、協力頂いた方のお名前も掲載しています。